U0686388

中国重要农业文化遗产系列读本

闵庆文　邵建成　◎丛书主编

江西崇义

JIANGXI CHONGYI KEJIA TITIAN XITONG

客家梯田系统

杨　波　闵庆文　刘春香　主编

中国农业出版社
农村读物出版社

图书在版编目（CIP）数据

江西崇义客家梯田系统 / 杨波，闵庆文，刘春香主编 . —北京：中国农业出版社，2017.8
（中国重要农业文化遗产系列读本 / 闵庆文，邵建成主编）
ISBN 978-7-109-22793-4

Ⅰ . ①江… Ⅱ . ①杨… ②闵… ③刘… Ⅲ . ①客家人—梯田—民族文化—崇义县 Ⅳ . ① K281.1

中国版本图书馆CIP数据核字（2017）第053020号

中国农业出版社出版
（北京市朝阳区麦子店街18号楼）
（邮政编码　100125）
文字编辑　吕　睿
责任编辑　程　燕
————————————————
北京中科印刷有限公司印刷　新华书店北京发行所发行
2017年8月第1版　2017年8月北京第1次印刷
————————————————
开本：710mm×1000mm　1/16　印张：13
字数：250千字
定价：49.00元
（凡本版图书出现印刷、装订错误，请向出版社发行部调换）

编辑委员会

主任委员：陈晓华

副主任委员：宗锦耀　孙　林

委　　　员：潘利兵　马洪涛　邵建成　张国庆
　　　　　　曹　宇　张慧媛　辛　欣　李益平
　　　　　　贾新平

专家委员会

主任委员：李文华

副主任委员：任继周　刘　旭　朱有勇　骆世明
　　　　　　曹幸穗　闵庆文　宛晓春

委　　　员：樊志民　王思明　徐旺生　刘红缨
　　　　　　孙庆忠　苑　利　赵志军　卢　琦
　　　　　　王克林　吴文良　薛达元　张林波
　　　　　　孙好勤　刘金龙　李先德　田志宏
　　　　　　胡瑞法　廖小军　王东阳

编写委员会

丛书主编：闵庆文　邵建成

主　　编：杨　波　闵庆文　刘春香

副 主 编：田　密　韩洪波

编　　委（按姓名笔画排序）：

马艳芹　史媛媛　张朝晖　杨文亭

杨　涛　杨滨娟　胡兴兴　黄国勤

曾少龙　焦雯珺　赖格英　廖　军

丛书策划：宋　毅　刘博浩　张丽四

序言一

我国是历史悠久的文明古国，也是幅员辽阔的农业大国。长期以来，我国劳动人民在农业实践中积累了认识自然、改造自然的丰富经验，并形成了自己的农业文化。农业文化是中华五千年文明发展的物质基础和文化基础，是中华优秀传统文化的重要组成部分，是构建中华民族精神家园、凝聚炎黄子孙团结奋进的重要文化源泉。

党的十八大提出，要"建设优秀传统文化传承体系，弘扬中华优秀传统文化"。习近平总书记强调指出，"中华优秀传统文化已经成为中华民族的基因，植根在中国人内心，潜移默化影响着中国人的思想方式和行为方式。今天，我们提倡和弘扬社会主义核心价值观，必须从中汲取丰富营养，否则就不会有生命力和影响力。"云南哈尼族稻作梯田、江苏兴化垛田、浙江青田稻鱼共生系统，无不折射出古代劳动人民吃苦耐劳的精神，这是中华民族的智慧结晶，是我们应当珍视和发扬光大的文化瑰宝。现在，我们提倡生态农业、低碳农业、循环农业，都可以从农业文化遗产中吸收营养，也需要从经历了几千年自然与社会考验的传统农业中汲取经验。实践证明，做好重要农业文化遗产的发掘保护和传承利用，对于促进农业可持续发展、带动遗产地农民就业增收、传承农耕文明，都具有十分重要的作用。

中国政府高度重视重要农业文化遗产保护，是最早响应并积极支持联合国粮农组织全球重要农业文化遗产保护的国家之一。经过十几年工作实践，我国已经初步形成"政府主导、多方参与、分级管理、利益共享"的农业文化遗产保护管理机制，有力地促进了农业文化遗产的挖掘和保护。2005年以来，已有11个遗产地列入"全球重要农业文化遗产名录"，数量名列世界各国之首。中国是第一个开展国家级农业文化遗产认定的国家，是第一个制定农业文化遗产保护管理办法的国家，也是第一个开展全国性农业文化遗产普查的国家。2012年以来，农业部分三批发布了62项"中国重要农业文化遗产"，2016年发布了28项全球重要农业文化遗产预备名单。2015年颁布了《重要农业文化遗产管理办法》，2016年初步普查确定了具有潜在保护价值的传统农业生产系统408项。同时，中国对联合国粮农组织全球重要农业文化遗产保护项目给予积极支持，利用南南合作信托基金连续举办国际培训班，通过APEC、G20等平台及其他双边和多边国际合作，积极推动国际农业文化遗产保护，对世界农业文化遗产保护做出了重要贡献。

当前，我国正处在全面建成小康社会的决定性阶段，正在为实现中华民族伟大复兴的中国梦而努力奋斗。推进农业供给侧结构性改革，加快农业现代化建设，实现农村全面小康，既要借鉴世界先进生产技术和经验，更要继承我国璀璨的农耕文明，弘扬优秀农业文化，学习前人智慧，汲取历史营养，坚持走中国特色农业现代化道路。《中国重要农业文化遗产系列读本》从历史、科学和现实三个维度，对中国农业文化遗产的产生、发展、演变以及农业文化遗产保护的成功经验和做法进行了系统梳理和总结，是对农业文化遗产保护宣传推介的有益尝试，也是我国农业文化遗产保护工作的重要成果。

我相信，这套丛书的出版一定会对今天的农业实践提供指导和借鉴，必将进一步提高全社会保护农业文化遗产的意识，对传承好弘扬好中华优秀文化发挥重要作用！

农业部部长
2017年6月

序言二

自有人类文明以来，勤劳的中国人民运用自己的聪明智慧，与自然共融共存，依山而住、傍水而居，经过一代代努力和积累，创造出了悠久而灿烂的中华农耕文明，成为中华传统文化的重要基础和组成部分，并曾引领世界农业文明数千年，其中所蕴含的丰富的生态哲学思想和生态农业理念，至今对于国际可持续农业的发展依然具有重要的指导意义和参考价值。

针对工业化农业所造成的农业生物多样性丧失、农业生态系统功能退化、农业生态环境质量下降、农业可持续发展能力减弱、农业文化传承受阻等问题，联合国粮农组织（FAO）于2002年在全球环境基金（GEF）等国际组织和有关国家政府的支持下，发起了"全球重要农业文化遗产（GIAHS）"项目，以发掘、保护、利用、传承世界范围内具有重要意义的，包括农业物种资源与生物多样性、传统知识和技术、农业生态与文化景观、农业可持续发展模式等在内的传统农业系统。

全球重要农业文化遗产的概念和理念甫一提出，就得到了国际社会的广泛响应和支持。截至2014年年底，已有13个国家的31项传统农业系统被列入GIAHS保护名录。经过努力，在2015年6月结束的联合国粮农组织大会上，已明确将GIAHS工作作为一项重要工作，纳入常规预算支持。

中国是最早响应并积极支持该项工作的国家之一，并在全球重要农业文化遗产申报与保护、中国重要农业文化遗产发掘与保护、推进重要农业文化遗产领域的国际合作、促进遗产地居民和全社会农业文化遗产保护意识的提高、促进遗产地经济社会可持续发展和传统文化传承、人才培养与能力建设、农业文化遗产价值评估和动态保护机制与途径探索等方面取得了令世人瞩目的成绩，成为全球农业文化遗产保护的榜样，成为理论和实践高度融合的新的学科生长点、农业国际合作的特色工作、美丽乡村建设和农村生态文明建设的重要抓手。自2005年"浙江青田稻鱼共生系统"被列为首批"全球重要农业文化遗产系统"以来的10年间，我国已拥有11个全球重要农业文化遗产，居于世界各国之首；2012年开展中国重要农业文化遗产发掘与保护，2013年和2014年共有39个项目得到认定，成为最早开展国家级农业文化遗产发掘与保护的国家；重要农业文化遗产管理的体制与机制趋于完善，并初步建立了"保护优先、合理利用，整体保护、协调发展，动态保护、功能拓展，多方参与、惠益共享"的保护方针和"政府主导、分级管理、多方参与"的管理机制；从历史文化、系统功能、动态保护、发展战略等方面开展了多学科综合研究，初步形成了一支包括农业历史、农业生态、农业经济、农业政策、农业旅游、乡村发展、农业民俗以及民族学与人类学等领域专家在内的研究队伍；通过技术指导、示范带动等多种途径，有效保护了遗产地农业生物多样性与传统文化，促进了农业与农村的可持续发展，提高了农户的文化自觉性和自豪感，改善了农村生态环境，带动了休闲农业与乡村旅游的发展，提高了农民收入与农村经济发展水平，产生了良好的生态效益、社会效益和经济效益。

习近平总书记指出，农耕文化是我国农业的宝贵财富，是中华文化的重要组成部分，不仅不能丢，而且要不断发扬光大。农村是我国传统文明的发源地，乡土文化的根不能断，农村不能成为荒芜的农村、留守的农村、记忆中的故园。这是对我国农业文化遗产重要性的高度概括，也为我国农业文化遗产的保护与发展指明了方向。

　　尽管中国在农业文化遗产保护与发展上已处于世界领先地位，但比较而言仍然属于"新生事物"，仍有很多人对农业文化遗产的价值和保护重要性缺乏认识，加强科普宣传仍然有很长的路要走。在农业部农产品加工局（乡镇企业局）的支持下，中国农业出版社组织、闵庆文研究员担任丛书主编的这套"中国重要农业文化遗产系列读本"，无疑是农业文化遗产保护宣传方面的一个有益尝试。每本书均由参与遗产申报的科研人员和地方管理人员共同完成，力图以朴实的语言、图文并茂的形式，全面介绍各农业文化遗产的系统特征与价值、传统知识与技术、生态文化与景观以及保护与发展等内容，并附以地方旅游景点、特色饮食、天气条件。可以说，这套书既是读者了解我国农业文化遗产宝贵财富的参考书，同时又是一套农业文化遗产地旅游的导游书。

　　我十分乐意向大家推荐这套丛书，也期望通过这套书的出版发行，使更多的人关注和参与到农业文化遗产的保护工作中来，为我国农业文化的传承与弘扬、农业的可持续发展、美丽乡村的建设作出贡献。

　　是为序。

李文华

中国工程院院士

联合国粮农组织全球重要农业文化遗产指导委员会主席

农业部全球/中国重要农业文化遗产专家委员会主任委员

中国农学会农业文化遗产分会主任委员

中国科学院地理科学与资源研究所自然与文化遗产研究中心主任

2015年6月30日

　　崇义建县于明正德年间，著名的思想家王阳明以"崇尚礼义"之意取县名，尽管建县较晚，但此前境内就已经有居民生产生活。早在唐宋时期，随着客家先民迁入境内，具有独特的水土管理特征的梯田农耕模式就已在此逐步演化形成。

　　客家人将传统农耕地区的技术应用于山地，依托山势，在不同等高线上修筑大大小小的水田，通过在山顶种植树木和竹林截留、储存天然的降水，形成泉水密布的高山湿地，湿地的水以溪流、山泉的形式流入村庄、梯田，而大面积的水田和河流中的水蒸发后产生的水汽在空中形成云雾，又以雨水的形式回灌山地与河谷，从而构建了一个优良的水利灌溉循环系统。崇义客家梯田一年四季景观各异：春来，江满田畴，如串串银链山间挂；夏至，佳禾吐翠，似排排绿浪从天泻；金秋，稻穗沉甸，像座座金塔立玉宇；隆冬，雪兆丰年，若环环白玉砌云端。它先后被评为"最大的客家梯田"和"中国美丽田园"。"江西崇义客家梯田系统"于2014年被农业部列入第二批中国重要农业文化遗产（China-NIAHS），2016年被列入中国全球重要农业文化遗产（GIAHS）预备名单。

本书是中国农业出版社生活文教分社策划出版的"中国重要农业文化遗产系列读本"之一，旨在向广大读者宣传崇义客家梯田系统这一重要农业文化遗产，希望通过对这一重要农业文化遗产的介绍，让更多的人了解这一人与自然相协调的农业生产模式，从而提高全社会对农业文化遗产的认识和保护意识。全书包括八个部分："引言"介绍了崇义客家梯田系统的概况；"慎终追远，探寻客家梯田的源起"介绍了崇义客家梯田建筑与梯田农业发展的历史；"开山垦田，客家定居的必然选择"介绍了崇义客家梯田的多重价值和功能；"崇义梯田，构筑赣南的生态屏障"从崇义县环境出发，介绍了当地农产品的品种多样性和生物多样性；"农垦智慧，世代相传的实践经验"介绍了客家梯田的农耕技术与知识体系；"客家风物，梯田之上的百姓生活"展示了与客家人相关的民俗文化等；"未来之路，文化传承中持续前行"介绍了梯田农业发展当前面临的危机、机遇以及应对举措；"附录"部分介绍了遗产地旅游资讯、遗产保护大事记及全球/中国重要农业文化遗产名录。

本书是在崇义客家梯田系统农业文化遗产申报文本、保护与发展规划的基础上，通过进一步调研和资料的收集整理编写完成的，是集体智慧的结晶。由闵庆文、田密设计框架，闵庆文、杨波统稿。本书编写过程中，得到了李文华院士等专家的具体指导及农业部国际合作司、农产品加工局、崇义县委县政府、崇义县农粮局等单位和部门有关领导的大力支持，在此一并表示感谢！

本书编写过程中，参阅了许多颇有意义的文献资料，限于篇幅，恕不一一列出，敬请谅解。书中所有照片，除标明拍摄者或图片来源的外，均由崇义县农粮局提供。由于水平有限，书中难免存在不当甚至谬误之处，敬请读者批评指正。

编者

2016年9月2日

　　水稻是我国的主要粮食作物之一，自新石器时代以来，水稻成为中国南方的主食来源。隋唐之后随着经济重心从北方黄河流域向南方长江流域转移，南方无论是人口规模还是经济总量均远超过北方，《宋史·食货志》就有"南渡后，水田之利，富于中原，故水利大兴"的记载，南方的粮食不但满足了当地人的饮食，富余部分还常通过漕运向中央调拨供应。南方粮食的富足一方面是源于人口大量南迁后劳动力的充裕，另一方面也跟南方稻作系统自身的优越性密切相关。水热条件、土壤肥力均保证了稻作农田的高产和高质。

　　随着人口的繁衍和迁移，在南方丘陵地区和山区逐渐出现了梯田这种独特景观，这些梯田共同构成了中国南方稻作梯田。这些分布广泛，且承载了多个民族、多种文化、多样景观的梯田系统，显现出独特的水土利用模式。梯田的构筑不但不会造成严重的水土流失，反而通过因地制宜地种植了水稻，支撑了更多的人口和社会经济的发展。中国南方文明的发展离不开南方稻作，南方山地丘陵地区的发展更离不开南方稻作梯田系统，而崇义客家梯田正是其中的典范。

　　崇义客家梯田，开发于南宋，盛建于明末，完工于清初，距今已有800多年历史。崇义客家梯田展现了中国古代农业的巨大成就，对这一系统的价值的挖掘与保护，不仅有利于更好地认识中国古代农耕文明，更有利于指示未来农业的发展方向。

　　客家人将中原地区的传统文化与当地山丘地形相融合，使之成为客家文化的典型代表。梯田不但是客家人的生计来源，更成为客家文化的一个重要载体。由于地处相对封闭的山区，依附于梯田的社会体系较为独立和完整，客家人逐渐形成特有的宗法系统和民俗文化，也使梯田成为客家文化面向世界的博物馆和展示馆。客家文化既继承了古代正统汉族文化，又融合了南方土著文化，加上长期居住在丘陵地环境的影响，形成了自己的特色，有"古汉文化活化石"之誉，而客家人也被称为"丘陵上的民族"。

　　客家人将修筑梯田与治山治水相结合，形成独特的水土资源利用与管理模式，通过系统内多种耕作模式的整合，有效地控制水土流失、抵御自然灾害，从而在面对气候变化时能够积极应对，保障了自己的生计安全。在全球气候变化的背景之下，梯田系统农耕模式为可持续的农业生产提供了重要的启示。

　　作为充分利用自然条件而形成的良性农业生态系统，崇义客家梯田所采用的传统耕作技术、多样性栽培技术，使土地用养结合，又限制了病虫草害的发生，形成一个始于"有机"，继于"有机"，终于"有机"的循环生产模式。这种耕作方式产生了明显的经济价值，满足了当地居民的物质需要，也维护了区域的生态安全。作为亚热带地区山地稻作的典型代表，这种发展模式对其他同类型地区，尤其是山地丘陵区的农业发展具有重要的借鉴意义。

　　梯田除了农产品供给、土壤保持、水源涵养等功能外，还具有生物多样性保护、景观维持和文化传承等价值。崇义客家梯田是由"森林—竹林—茶园—村庄—梯田—水流"所形成的山地农业体系，是一个生物和景观多样性丰富的生态系统。它不但支撑着当地农事活动并承载着客家传统文化，更具有独特的美学价值，也体现了在尊重自然的基础上利用自然规律的价值标准，成为人与自然协调发展的典范。

　　崇义客家梯田的发展中凝聚着许多科学道理，对其进行研究和探索有利于对传统农耕技术的传承和借鉴。崇义客家梯田农耕文化将在未来的经济、社会与环境可持续发展中表现出更大的潜在价值。

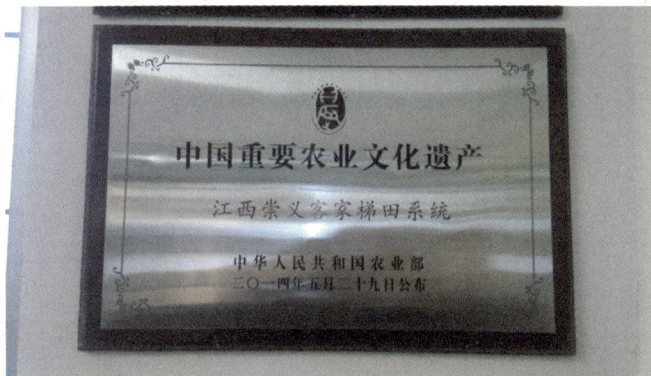

中国重要农业文化遗产——崇义客家梯田系统

为崇义颁牌

题江西崇义客家梯田系统联四副

郑永杰

镜乎？水乎？波光烁烁云端去；

稻也，粟也，硕果丰丰天上来。

祝大光

赏景慕名，梯路架梯，梯田宛在云深处；

待人崇义，客家好客，客座欢于月醉时。

东继善

蛙跳三丘，六二级阶梯，山重水复晨光颂；

月窥万亩，八百年风雨，路转峰回夕照明。

刘新才

三千尺云梯搭起，天有多高，

心有多高，神仙府上取衣食；

八百年民力雕成，古风不减，

雄风不减，山水诗中插画图。

——摘自中国农学会农业文化遗产分会,北京市海淀区
京西稻研究会编.《重要农业文化遗产赋》，北京：
中央文献出版社，2015

一

慎终追远，探寻客家梯田的源起

江西崇义客家梯田系统

作为"丘陵上的民族",客家人在融合南北文化的基础上,凭借崇尚自然的生存智慧与坚韧不拔的开拓精神,积极适应着恶劣的地理环境,形成了独具特色的客家文化。其中,位于江西赣南山区的崇义客家梯田系统作为客家文化的典型代表,系统地反映了客家族群适应自然、改造自然,顽强生存于山岭之间,与自然和谐相处的过程。客家人历经坎坷形成的艰苦卓绝的精神,以及对资源的极致利用,启迪着今天,也影响着未来。

（一）

历经艰辛，漫漫南迁路

客家,是中华民族中重要的一支,在悠久的历史中形成了独特的精神品行、风俗习惯与方言文化,是汉民族中特征明显、个性突出的一个地缘性群体。全国共有33个纯客家县,主要分布在赣南、闽西、粤北三片区域,这些地区成了客家大本营。经过2000多年漫长的发展历程,客家民系已由一个漂泊、迁徙的群体,逐渐演变成有着近1亿成员的庞大民系,遍布于全球80多个国家和地区。

客家

相传西晋末永嘉年间(4世纪初),黄河流域的一部分汉人因战乱南徙渡江,唐末(9世纪末)以及南宋末(13世纪末)又有大批人过江南下至赣、闽以及粤东、粤北等地。他们被称为"客家",

以别于当地原来的居民，后遂相沿而成这一部分汉人的自称。他们在粤东梅县、兴宁、大埔、五华、惠阳等县最为集中，尚有部分人分布在广西、四川、湖南、台湾、海南岛部分地区和侨居海外南洋一带。他们的语言保留较多的汉语古音韵，称"客家话"。

——《辞海》

中国客家人分布一览表（中国社会科学院《中国语言地图集》）

省份	纯客家县（及市辖区）	非纯客家县（及市辖区）
江西	赣县、南康、信丰、上犹、大余、崇义、安远、龙南、全南、定南、宁都、于都、兴国、瑞金、会昌、寻乌、石城、铜鼓	赣州、广昌、永丰、吉安、吉水、泰和、万安、遂川、井冈山、宁冈、永新、万载、宜丰、奉新、靖安、修水、武宁、萍乡、横峰、婺源
福建	长汀、宁化、清流、明溪、连城、上杭、武平、永定、建宁、将乐、泰宁	崇安、光泽、邵武、顺昌、沙县、永安、三明、漳平、龙岩、南靖、平和、诏安
广东	梅州、大埔、蕉岭、平远、兴宁、五华、紫金、龙川、和平、连平、翁源、始兴、南雄、陆河、河源、新丰	韶关、曲江、乳源、乐昌、英德、丰顺、博罗、连南、惠城、惠阳、惠东、饶平、汕头、揭阳、揭西、潮阳、惠来、普宁、陆丰、海丰、龙门、深圳、佛冈、清远、从化、花县、增城、东莞、中山、珠海、斗门、连山、阳山、广宁、三水、高安、云浮、高明、新兴、鹤山、台山、郁南、封开、罗定、阳春、阳江、信宜、茂名、廉江、四会、化州、电白
广西		合浦、防城、钦州、博白、浦北、陆川、灵山、宁明、崇左、扶绥、邕宁、玉林、横县、北流、容县、武鸣、贵港、宾阳、藤县、桂平、平南、武宣、马山、苍梧、梧州、来宾、象州、全秀、柳州、柳江、昭平、蒙山、鹿寨、宜山、贺州、钟山、柳城、环江、河池、荔浦、平乐、阳朔、罗城、融水、融安、三江、凤山

省份	纯客家县 （及市辖区）	非纯客家县（及市辖区）
四川		通江、达县、巴中、仪陇、广安、合江、泸县、泸州、内江、富顺、隆昌、威远、资中、安岳、仁寿、简阳、成都、新津、双流、新都、温江、金堂、广汉、彭州、什邡、西昌、会理
重庆		涪陵、巴南、合川
贵州		遵义、榕江
湖南		临湘、平江、浏阳、醴陵、茶陵、炎陵、攸县、安仁、常宁、耒阳、永兴、桂东、汝城、江永、江华、郴县、宜章
海南		儋县、澄迈、定安、临高、琼海、文昌、万宁、三亚
台湾地区		桃园、新竹、苗栗、南投、台中、屏东、嘉义、高雄、彰化、花莲、云林、台东、台北
港澳地区		香港与澳门的客家杂居各处
陕西		陕南有不少从闽、粤、赣客家地区返迁的客家人
河南		豫南有不少从闽、粤、赣客家地区返迁的客家人

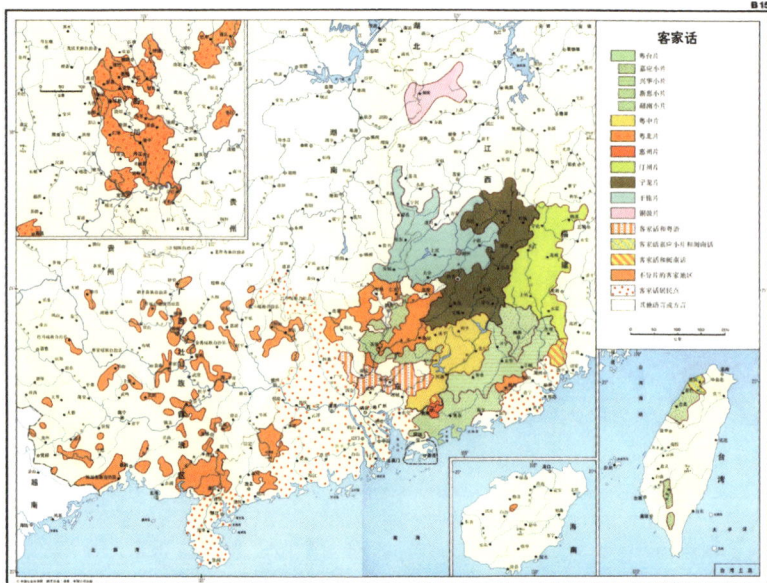

客家话分布图（中国社会科学院，《中国语言地图集》）

这些被称为"客"的北方汉人，被一些学者考证为当时北方华夏族的后代，其所持的礼仪为上古周朝之礼，特别是在客家方言中仍保留了大量的中原古音。客家人遗传和继承的上古遗风包括了诸多方面的内容，譬如祭祖宗、长子继承、修族谱等传统。正是由于客家人与远古中国有着如此独特的承继关系，他们才能络绎南来，怀抱共同的信念聚居而生，在千锤百炼之中成长为如此庞大的民系。"筚路桃弧辗转迁，南来远过一千年；方言足证中原韵，礼俗犹留三代前。"中国近代学者、思想家黄遵宪的诗句，生动而充分地说明了客家源于中原及其在长期迁徙过程中形成的历史文化风貌。

客家人的历史，是一部充满艰辛和苦难的迁徙史；客家人的经历，是一种苟活与重生的经历。他们由中原地区经运河到长江，再出长江到鄱阳湖，逐步到赣南，再往闽西、粤东、粤北，最迟在南宋已形成相对稳定的客家族群。对于客家先民的南迁，在学术界有"五次"与"六次"之分歧。主要分歧是：2000多年前的"秦开五岭"是否属客家先民的第一次大迁徙？持"六次南迁"论者认为，秦灭六国统一中国后，派屠睢、赵佗率军50万南下，越五岭平定百越。秦亡而驻军未离，一部分人与当地百越民族中的南越人融合，成为粤语地区先民，另一部分便是今天的赣南、粤北和粤东地区客家人的祖先。持"五次南迁"论者认为，客家先民的第一次南迁始于东汉末年的黄巾起义及西晋末年历经18年的"五胡乱华"与"八王之乱"。特别是公元311年的"永嘉之乱"，洛阳失陷、晋室南渡，百万南迁人流中有70多万渡过长江。此后，唐末的"安史之乱"、黄巢起义，又使大批江淮人携家带口逃到赣南。第三次大迁徙是金兵的大举南犯，南宋朝廷节节败退，而元人入主又引发又一轮南迁大潮。第四次迁徙肇始于公元1645年，受满人南下入主中原的影响，部分客家人从客家大本营迁至广东中部沿海，及川、桂、湘、赣、浙、台等省。最后一次大迁徙是在公元1867年之后，受广东"西路事件"及"太平天国"事件的影响，部分客家人分迁至广东西南部、海南岛以及海外各地。

黄遵宪

黄遵宪（1848—1905年），客家人，字公度，别号人境庐主人，清朝诗人，外交家、政治家、教育家。黄遵宪的作品有《人境庐诗草》《日本国志》《日本杂事诗》等。被誉为"近代中国走向世界第一人"。

鹧鸪天·崇义客家梯田

袁桂荣

秀丽天梯六二楼，客家先祖笠孅丘。

炊烟袅袅霞中出，碧浪排排云里流。

施礼谢，舞春牛。时间坝上写风流。

田园诗简农夫作，天籁之音笔下收。

——摘自《重要农业文化遗产赋》

迁徙的原因主要是兵燹（xiǎn）战乱、国破家亡，这就使得迁徙带有被迫的性质和悲怆的色彩。也正因为如此，一方面，这种流动使客家人更加看重旧有的文化基础和观念形态，中原文化中牢固的本土意识

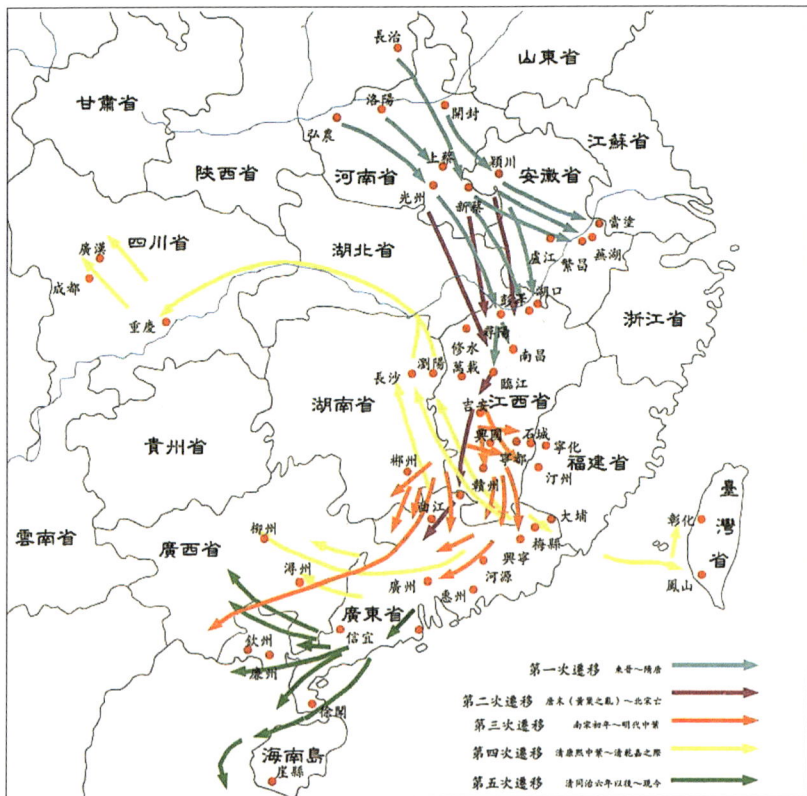

客家迁徙图

和人文精神时时震动着这些移民的灵魂，使得他们在观念上和汉文化精神始终难以分离。另一方面，完全改变了的生存环境和生活条件又迫使他们改变旧有的文化（至少是局部地改变），建立一些适应新环境、新形势的新文化，而对过去有所扬弃。这样一来，客家文化必然具有两重性：一是有意识地对旧有文化予以保留；二是被动性地对旧文化进行改革。这成为客家文化的格调，也成为客家文化的特质。

"客家摇篮"在赣南

悠悠千载，一代代客家先民，一批批中原子孙，渡黄河、跨长江、溯赣江，历尽艰辛来到赣南，在这里放下疲惫的行囊，落脚谋生、繁衍生息，或者从这里溯章贡两江而上，翻南岭、越武夷，辗转他乡。赣南因其先天的地利，成为接受自北南迁移民最早、最多的地区，一个巨大的客家族群从这里发展、壮大……尽管历时千载的辗转迁移头绪纷繁、复杂万端，徙地之先后难以确切稽考，但我们仍可从客家人的谱牒中找到他们发轫于赣南的许多证据。

源源不断的客家先民，为什么不约而同地流向赣南？专家认为，地利是个关键。史称"扼闽粤之咽喉，据五岭之要会"的赣州，在水陆交通为主的古代，发源于赣州的赣江，是连接内外、沟通南北的黄金水道。北上，沿赣江通长江，串京杭大运河抵京津；南下，越梅岭入粤穗，出武夷联泉州。世居黄河中下游的客家先民，北面是难以逾越的蒙古戈壁，西北是万里黄沙，西南是青藏高原，东面又是大森林，都是交通壁障，唯一的出路就是向东南迁徙，因此渡江南迁的客家先民纷纷出鄱阳湖溯赣江而上，进入赣南各县。

当时的赣南，西倚罗霄、东阻武夷、南限五岭，这三条雄伟的山脉所造成的封闭与交通的艰阻不便，使它的东、南、西三面与外界隔绝，形成一个开口朝北的孕育奇迹的"襁褓"。这片山地面积广大，约占江西山地总面积的50%，海拔平均在1 000米左右。山岭高峻，河谷深切，夹杂着许许多多大大小小的盆地，适于农业耕作。

——根据《北京客家网》内容整理

（二）

山深林密，唯耕凿为业

在漫长的历史中，一代又一代的中原人南迁，却并非都成为了客家人，还有河洛人、福佬人、广府人等，能够被称为客家人的北方汉人通常具有以下显著的特点：他们依山而居，几乎与世隔绝，并且坚守着自己的耕读文化，这是他们成为客家人的重要基础。

"无客不住山，逢山必有客"，反映的就是迁徙中客家移民的处境。这些客家先民辗转千里，所到达或停留的山区有几个共同的特点：首先是边远的，其次是闭塞的，再次是荒凉的，只有这样的地方才相对安全和适宜停留。当地耕作条件好、适合发展农业的平原地带已经为土著居民先行定居，这些异乡来的"客人"是侵入别人土地的外来者，因此不受原住民的欢迎，只好向环境条件较差的山地求发展。而客家人大多举族南迁，集体的力量使他们更易于在这种特殊的自然环境与人文环境中生存，并进行大规模的山地农业开发。

随着客家人口的增长、社会生产力的提高，以梯田开发利用为主体的农耕文化逐渐发达。将易产生水土流失的缓坡山地开垦为梯田并建设田埂等基础设施，不仅扩大了耕地面积，也能有效地增加土地入渗量，大大促进土壤养分的积累，是中原农耕文化与山地环境嫁接后的产物。这种土地利用方式适应南方的气候与多山地形，因此被认为是传统山地农业生产中生产力和生产技术最高的农业生产方式。

梯田的开发在我国历史悠久，在历代诗句文献中都有所记载。先秦时有"瞻彼阪田，有菀其特"（《诗经》）、"彪池北流，浸彼稻田"（《诗经》）、"长风至而波起兮，若丽山之孤亩"（《楚辞》），它们描述的可能就是最早的梯田。

隋唐是我国梯田农业的发展时期，崔道融在《田上》中的诗句"雨足高田白，披蓑半夜耕。人牛力已尽，东方殊未明"所描述的场景就很符合梯田耕种。此外，从陈延章《水龙赋》和刘禹锡《机汲井》的诗句中，可以看出在当时极为先进的高转筒车已在梯田经营中发挥了重要作用。

"梯田"一词的正式使用始于南宋时期。南宋叶延珪记载"果州合川（今四川合川）无平田，农人于山垅起伏间为防、潴（zhū）雨水，用植粳糯，谓之蹬田，俗为'雷鸣田'，盖言待雷雨而有水也，戎州(今宜宾)亦有之。"说明西南地区已广泛采用梯田这种土地利用方式。范成

旱作梯地和稻作梯田对照图

大的《骖鸾录》写袁州仰山（今江西宜春）的梯田："出庙三十里，至仰山，缘山腹乔松之蹬，甚危。岭阪之上皆禾田，层层而上至顶，名梯田。"其"下自横麓（luán），上至危巅，一体之间，裁作重蹬"，指出梯田是对地形的有效利用，人们可以在山麓和危巅之间，创造出阶梯式的田地。此时梯田已广泛分布，我国南部的许多地区已是"梯田层盛，弥望青葱"。

在宋代，诗人笔下的梯田在展现了早期梯田景观的同时，也在技术和发展规模方面有着重要的参考价值。如方勺在《泊宅编》中记载时人"垦山陇为田，层起如阶级然，每远引溪谷水以灌溉"。诗人杨万里更作诗咏道："翠带千镮束翠峦，青梯万级搭青天。长淮见说田生棘，此地都将岭作田。"大量的诗文记载，说明梯田在宋代已广为盛行。

王祯是元代的农学家，他在《农书》中系统叙述了梯田的分类、布设及修筑方法："梯田，谓梯山为田也。夫山多地少之处，除垒石峭壁例同不毛，其余所在土山，下至横麓，上至危巅，一体之间，裁作重蹬，即可种艺。如土石相半，则必叠石相次，包土成田。又有山势峻极，不可展足，播殖之际，人则枢蝼蚁沿而上，褥（rù）土而种，摄坎而耘。此山田不等，自下登涉，俱若梯蹬，故总曰'梯田'。"先依山坡"裁作重蹬"，即修成阶梯状的田块；再"叠石相次包土成田"，即修成石梯阶，包围田土，以防水土流失。这样如果梯田上有水源，便可自流灌溉、种植水稻；若无水源，也可种粟麦等作物。梯田不仅能防止水土流失，而且还能发展灌溉农业，因此在有水源的地方，人们往往将垦山与治水相结合，从而大大提高了山地的利用水平。此后，梯田在全国都有发展，乃至于在偏远的广西归顺（靖西县）、云南等地都有出现。"叠石相次，包土成田"，主要是指石坎梯田，说明我国南（或北方）的土石山区，石料资源丰富，可以改善土资源匮乏的劣势。书中还提到，可将梯田和塘结合起来，塘蓄水可以种稻，干旱时可旱作，确保山区坡地的农业生产达到"田尽而地，地尽而山"，从而使我国山区坡地的土地资源得到充分的开发利用。

明代著名的农学家徐光启深入西南山区考察，西南特有的梯田农业让他大大吃了一惊，他把这个重大发现写入了《农政全书》中，并将梯田与区田、圃田、圩田、架田、柜田、涂田一起列为中国农耕史上的七大田制，正式载入史册。

《农政全书》和徐光启

清代的吴颖炎说："凡山除岩峭壁莫施人力及已标择柴薪外，其人众地狭之所，皆宜开种。择稍平地为棚，自山尖以下分为七层，五层以下乃可开种。就下层开起，先就地芟其柴草烧之，而用重尖锄一属两敲开之……两年则易一层，以渐而上，土膏不竭。且土膏自上而下，至旱不枯。上半不开，泽自皮流，润足周到。又度涧壑（hè）与所开之层高相当，委曲开沟，于涧以石沙截水，亭满乃听溢出，既便汲用，旱急亦可拦入沟中，展辗转沾溉也。至第五层，上四层膏日流，下层又可周而复始，收利无穷（穷）。"这段描述指出人们以坡地的地理形态为基础，以水的蓄存和循环利用为中心，来确定适宜梯田修筑的方位，反映了我国南方地区坡地梯田建设的特点：良好的梯田生态系统，梯田生态系统的多样性，梯田生态系统中子系统间的协调性以及超前的梯田建筑、改造技术。

梯田景观

总之，梯田耕作能够在防止水土流失的条件下，有力地促进土壤养分的积累，适应南方的气候与多山地形，因此可以说梯田稻作是传统山地农业生产中生产力和生产技术最高的农业生产方式。稻作梯田同时也是客家先民得以生存的必然选择，是客家人适应山地自然环境和客家社会环境的结果，是维持客家民系延续生衍的优良生产方式。梯田景观，蕴涵着客家民系改造自然环境、利用自然资源的智慧，也是客家文化"移垦社会文化"个性的具象化。这在历史上极大地解决了客家人口不断增长带来的粮食供应问题，奠定了客家文化稳定续存的物质基础。

江西崇义客家梯田赋

徐双山

江西崇义，客家福地。环抱群山，拥怀瑞气。子孙赓续，乃繁衍之摇篮；祖辈相传，为居留之族系。

接天捧日，望绣锦之梯田；戴月餐霞，织禾裳于梓里。洒甘棠之露，耕耘步步登高；携香稻之风，收获层层吐绿。扶摇雾海之间，奔走叠峦之际。

春熙拌种而萌芽，夏梦布云而播雨。秋光点豆而成金，冬雪雕银而砌玉。晨闻远唱牛铃，夕看村归人迹。情关万户千家，美在一年四季。汗浇妙句，咏浩浩之诗情；笔作银锄，绘融融之画意。

回眸忆昔，青史留踪。东粤客家之徙渡，赣南群岭之相迎。止步于齐云之下，定居于谷壑之中。汲水而烹粗饭，伐林以筑茅棚。

勇魄坚贞，启莽榛而推筚路；灵犀聪慧，开荒岗以造田塍。历尽艰辛，饥餐风而火种；饱尝困苦，累流汗以刀耕。带子丘畦，其株苗之可数；青蛙蹼跳，其垄亩之连横。

岁月悠悠，自鬐龄而白发；风云济济，历元代而明清。看八百年，碎锦集成郁野；赏万余亩，弱苗已变峥嵘。留梯田之遗产，蕴稼穑之文明。祭奠先民，温猎酒以歌富庶；恭迎远客，舞春牛以庆丰盈。

寒来暑往，物换星移。衷情难改，矢志不渝。守护祖宗之遗产，高擎时代之大旗。永葆家园之壮美，长生稻麦之清奇。

——摘自《重要农业文化遗产赋》

作为梯田耕作的活动主体，客家人在梯田边出生、成长，熟悉梯田耕种管理中的每一个环节，也掌握了景观周边环境的自然节律和社会特征。在这样的地理、人文环境中，客家的宗族文化、民俗传统等将客家人的感情紧密联结在一起。完备的客家宗法系统和浓厚的客家民俗文化，强化了客家梯田的文化记忆。它作为客家人互相交往必然遵循的世代沿袭的规则制度，维系着客家乡村社会的各种关系。在各个村落内，人们交往、生活、劳动，相互依赖、互为关照，形成了较为稳定的社会秩序。在这种稳定的秩序环境中，人们的社会交换发生在同质社会关系网络中，其交换的意义不在于资本流动和兑换，而在于这种交换背景后的归属感、认同感等文化意义以及社会网络的联系、强化等社会情景。客家梯田文化对当前的村庄生活仍发挥着重要的影响，梯田景观仍然具有强大的生命力。

客家人于梯田中耕作

（三）
崇义梯田，起源与演进

赣南地区的崇义梯田是客家梯田的典型代表。遗产地范围为江西省崇义县全境，主要分布在崇义县上堡乡、思顺乡、丰州乡3个乡26个村高高低低的山岭上，总面积为52 114.52公顷。连片面积较大的梯田群位于上堡乡水南村、赤水村、良和村、正井村等地。崇义梯田最高海拔1 260米，最低280米，垂直落差近1 000米，最高达62梯层。一排排、一垅垅的梯田犹如横在天地间的一部厚重史册，写满了一代代客家人的勤劳和智慧。

崇义概况

崇义县地处江西省西南部，东经113°55′~114°38′、北纬25°24′~25°55′。南与广东省交界，西与湖南省毗邻。东西长约73千米，南北宽约59千米，总面积2 206.27平方千米，距赣州市90千米。全县有6个镇，10个乡、124个行政村、3个居委会。2013年末全县总人口21.15万人，县内人口主要为汉族。

崇义境内山脉纵横交错，群峰起伏连绵，全县地势由西南向东北方向倾斜。按地貌特征，全县大致可分为山地、高丘、低丘、河谷阶地四种类型。其中，山地（海拔500米以上）占土地总面积47.67%；高丘（海拔300~500米）占45.06%；低丘及河谷阶地（海拔300米以下）占7.27%。全县1 000米以上的山峰有232座。其中西北部思顺乡的齐云山海拔2 061.3米，为境内最高点，是江西第二高峰、赣南第一高峰。

崇义县属中亚热带季风湿润性气候，冬夏季风盛行，垂直气候差异和小区域气候十分明显，四季分明，春秋温凉，冬无严寒，夏无酷热。年平均气温19.2℃，极端最高温38℃，最低温-8℃；年降水量1 602.9毫米，雨量充足；年平均相对湿度81%；年日照时数1 538.5小时，全年无霜期约290天。

1. 唐宋时期

唐宋时期已有客家先民迁入崇义境内，但对江西梯田的分布记载最早见于《中国农业通史（宋辽夏金元卷）》及宋代范成大的《骖（cān）鸾录》中。由此可初步判断，崇义客家梯田最迟于南宋就已存在，至今至少有800多年的历史。崇义客家梯田的历史起源与演变，是客家先民适应赣南地区山地自然环境、繁衍壮大的过程。

《骖鸾录》中关于梯田的记载

在南宋时期，崇义居民迫于维持生计的需要，开垦的梯田主要为山麓及沟谷中较低缓的坡地，梯田在规模上只是一些零星分布的局部小块，地势高的坡地并未得到开垦。这一时期被称为客家梯田的雏形阶段，其主要特点为修建山坡池塘、拦截雨水，把终年不断的山泉溪涧通过水笕沟渠引入梯田。在农作物上以高秆水稻为主，水稻品种单一，一个品种用数年，乡俚说"年年用老种，累的背弓弓"。

2.　明朝时期

明时，饱受战乱之苦的闽粤客家人，为躲避倭患，纷纷迁入本境。由于本境属山区，山多田少，土地无法承载过多的新增人口，于是迁入的闽粤客家人为生计所迫，必须开山凿田。王守仁撰写的《立崇义县治疏》记载："备所屡致仕省祭义官监生杨仲贵等呈称，上犹等县横水、左溪、长流、桶冈、关田、鸡湖等处，贼巢共计八十余处，界乎三县之中，东西南北相去三百余里，号令不及，人迹罕到。其初畲（shē）贼，原系广东流来。先年，奉巡抚都御史金泽行令安插于此，不过砍山耕活……"从广东迁入的客家先民来到这荒山野岭，为了维持生计，便依山建房、开山凿田。此外，《崇义王氏族谱》记载："均德公三子万三郎公，迁上杭南城白沙，传五世至十三郎，于明成化年间，由闽迁广东韶州乳源，十三郎公传十二世至庆所公，又迁湖南桂东文昌阁，后迁居崇义县上堡约竹溪甲立业。"而明代徐光启的《农政全书》对此也有所提及。后世的清代同治本《崇义县志》记载当时"土著者十不二三，余皆五方杂聚之众，垦山种树，不常阙居"。客家人的迁入，给崇义山区的开发带来了丰富的人力资源。这一时期崇义客家梯田的面积规模扩大，已经不是零星分布的局部小块，而是沿坡面修筑的阶阶相连的成片梯田。王守仁奏设崇义县时，田赋依律实行以人丁计税的"丁税制"和"一条鞭法"，在一定程度上促进了梯田在原有的基础上的进一步开垦。

王阳明与崇义

明朝正德初年，连年大灾，官府征税年年增加，百姓民不聊生，民怨如沸。崇义当地山民谢志山举旗起义，自封"盘王"与明王朝分庭对抗。正德十二年（1517年），朝廷授王阳明为右佥（qiān）都御史，统帅江西、湖南、福建、广东、湖北八府一州官兵前往镇压。王阳明坐镇南赣，一面兵分十路进屯锁匙垄、茶坑、葫芦洞等地，封锁分割以谢志山为首的起义军，一面采用"心术"分化瓦解起义军，短短两个月就将起义军全部镇压。随后王阳明上奏朝廷割上犹、南康、大庾三县地立县，及立茶寮、铅厂、长龙三个巡检司，县治设在横水，以崇义为县名，取意"崇仁尚义"。

现在在崇义县思顺乡桶冈村还可以看到高8米、宽4米的"平茶寮（liáo）碑"，这块位于茶寮石崖绝壁上的刻石，是平定武装起义的记功碑，也是崇义立县的见证。碑文中一句"破山中贼易，破心中贼难"的至理名言，说明当时王阳明平定民乱后，思考了怎样"德治教化"，用怀柔手段使老百姓安居乐业，而"破心中贼"的问题，也表现了他上奏朝廷建县崇义的初心。"平茶寮碑"已被列为江西省省级保护文物。

——摘自赣州红都爱莲网

明崇祯年间徐光启所著的《农政全书》中，对修梯田也有详尽的描述。其中水利篇述及发展梯田可以"均水田间，水土相得……若遍地耕垦，沟壑纵横，必减大川之水"。可见，当时的人们把治水与修筑梯田、治理坡耕地联系在一起。

3. 清朝时期

　　清朝属于崇义客家梯田的形成时期，梯田开垦在这一时期基本完工。康熙年间实行了一系列鼓励耕作的政策，其中一条是"奖励迁徙垦荒"，每开荒一亩*地给4至8两银子的补助款。这使得大量的家族涌迁，如当时上堡乡的户数急剧增加，由一个甲猛增到五个甲，使得梯田得到大面积开垦。清朝时期闽粤移民迁入本境的规模达到最高峰，人口剧增使得人地关系紧张，对山地的过度开发使得水旱等自然灾害发生频繁。这一时期的修筑梯田，不仅仅是为了获得粮食，而且也和治山治水结合了起来，进一步发挥了梯田的作用。

4. 民国时期

　　民国时期，客家人继承了清朝时期将修筑梯田与治山治水联系起来的传统，同时又进一步发挥了梯田的作用，在开垦和修筑梯田的基础上形成了引洪漫淤、保水、保土、肥田的梯田技术和理论，如稻草还田、绿肥种植、施人畜粪、养红花草等增加地力的肥田法，通过稻田养鱼、养鸭以增加地力、消除杂草害虫等。第二次国内革命战争时期，崇义客

稻田养鸭

---

* 亩为非法定计量单位，1亩≈666.7平方米。

家梯田和红军队伍的身影叠印在一起。1927年11月，朱德、陈毅领导南昌起义保存下来的部队在崇义上堡进行了一次整军；1932年3—4月，彭德怀、滕代远率领的红三军团组成的西路军频频进入崇义客家梯田开辟苏区，在南流、竹溪建立农民协会和贫农团，带领农民分田地，不仅促进了革命运动，而且进一步促进了梯田的开垦与修筑。

5. 新中国成立后

由于农村家庭联产承包责任制的建立和完善，20世纪80年代以后，在合理利用土地与保持水土的原则下，对梯田的修筑开始按山、水、田、林、草、路综合治理进行规划，修筑方法也变得多种多样，有人工修筑、机械修筑等。如今，崇义客家梯田形成了在山顶高海拔处种植大片毛竹林和灌木林，在山腰低海拔处开辟一层又一层的梯田，人居山腰处的基本模式。这种模式将山涧、泉水和沟渠与竹林、村庄、梯田有机地结合在一起，最终演变成如今的"森林、竹林、村庄、梯田、水流"山地农业体系，体现了"天人合一"的传统理念。

随着社会的发展，崇义客家梯田渐渐闻名全国，以至每年总有无以计数的摄影家、作家、画家们一次次来到上堡，走进梯田群，崇义现建有水南客家民俗省级摄影文化基地。如今，更多崇义客家梯田的元素受到关注，不仅包括其物质景观，而且还包括其文化景观：长期农耕产生的文化习俗，已成为客家农耕文明的一道奇观，其中"舞春牛"先后被列入赣州市、江西省非物质文化遗产保护项目；2012年崇义客家梯田被上海大世界基尼斯认证为"最大的客家梯田"，2013年被农业部认定为首批"中国美丽田园"，2014年被农业部评为"中国重要农业文化遗产"，2016年被农业部列入"全球重要农业文化遗产"预备名单。

鹧鸪天·江西崇义客家梯田系统

王琳

阡陌黄牛两系情，雨丝拨乱落花声。
云移雪海三分近，香溢琼肌一穗轻。

冰魂白，玉壶青，尚余水影湿千茎。
心中正有梯田梦，支枕殷勤到五更。

——摘自《重要农业文化遗产赋》

二

开山垦田，客家定居的必然选择

江西崇义客家梯田系统

自从客家人在赣南大地上定居之后，对梯田的开垦和耕作逐渐成为维系崇义人生存和发展的重要活动。客家人选择了梯田这一特别的水土管理模式，梯田也为勤劳的客家人提供了多重回报。一方面，梯田为崇义人提供了稳定的食物来源，这其中包括了农田中的水稻和与水稻共生的鱼、鸭，包括了各类蔬菜、瓜果，还包括了梯田系统中林间、林下的菌类等农副产品。此外，毛竹和高山茶等也为崇义农村提供着生计来源。而梯田系统所附加的景观价值、生态价值和文化价值，更为其可持续发展提供着多重保障。

梯田景观

（一）
生计源泉，加工产品丰富

1. 丰富多样的食物

崇义客家梯田系统是崇义人赖以生存的食物来源，作为一个复杂的复合生态系统，它所提供食物的种类也是丰富多样的。

梯田中的水稻

崇义农用地类型主要是水田，农作物种植以水稻为主。全县水田面积14 159公顷，占用地总面积的6.41%；林地总面积190 532公顷，占用地总面积的86.30%；核心区的水田面积3 477公顷，其中梯田面积2 024.5公顷，年产优质稻1 300万千克。

看崇义客家梯田有感

吴晓华

愿许慈悲添寸土，悯怀厚积化山川。

时将稻熟期三季，日作云游上九天。

崇义不妨居野岭，客家犹乐耍神鞭。

牛耕岁月如蛙跳，近似春归八百年。

——摘自《重要农业文化遗产赋》

除了种植作为主要食物的水稻外，崇义地区还种植各种油料作物、蔬菜和瓜果。其中粮食作物有薯、玉米、高粱、豆类等，油料作物主要有花生、油菜子、芝麻等，特色蔬菜包括了魔芋、瓠瓜、佛手瓜、水蕹菜等，水果主要有柑橘类水果、梨、桃、葡萄等。勤劳智慧的客家人还利用山间田野的一些天然食材，做出独具特色的传统美食。

对猪、牛、羊、鸡等畜禽和鱼类的养殖也是崇义客家梯田农业生态系统的组成部分。畜牧业主要品种包括了猪、牛、羊、禽（鸡、鸭、

稻田养鱼

鹅、鸽）、兔等。在渔业资源上，据初步调查养殖的鱼类有9科，其中以鲤科为主，还有鳅科、鲶科等。此外，对爬行类、甲壳类、贝壳类动物也有一定程度的养殖。

2. 具有地方特色的产业和产品

除了上述农产品外，崇义客家梯田还提供了其他具有地方特色的产品。这其中最著名的就是崇义高山茶叶，它的种植面积达1 674.67公顷。对各类竹子的种植也是崇义的特色产业之一，年完成竹林抚育1.58万公顷，种植黄竹等丛生竹10.3万株，毛竹林达4.48万公顷。

竹林　　　　　　　　　　　　柑橘果树

此外，崇义地区的气候适宜柑橘类果树的生长，全县脐橙种植面积近5 000公顷，年脐橙产量近10万吨，其中作为梯田系统核心区的上堡乡脐橙产量达到861吨。依托梯田群，崇义发展高山有机米示范基地达33.33公顷，形成"高山梯田牌"等品牌，生产出了"高山梯田牌野香粘有机大米"和"高山梯田牌野香粘有机粥米"，产品远销广东、上海等地。崇义高山有机茶叶也是著名的绿色产品，早在明代崇义的阳岭茶已被列为"贡茶"，历史悠久。如今，上堡的茶产业依托万长山千亩茶叶基地发展现代农业产业，打响了"赤水仙""万长山"两个品牌。近年来随着农业经济的大力发展，基于梯田之上的刺葡萄、南酸枣、红豆杉苗木、油茶等逐步成规模性种植。

高山茶园

梯田之上的刺葡萄、南酸枣

梯田系统中的特色农业

乡镇	农业特色产业及规模
思顺乡	油茶80公顷；特种水产基地（甲鱼）1个3.3公顷；上峤刺葡萄13.3公顷
上堡乡	茶叶206.7公顷（其中赤水仙73.3公顷）；有机水稻27.3公顷；上堡梯田休闲农业示范点
丰州乡	雪莲果13.3公顷；长迳香瓜6.7公顷；肉兔基地1个（年出笼10 000只）；茶叶93.3公顷；长飞生态农庄

"高山梯田牌"有机大米	上堡"赤水仙"有机茶	崇义脐橙	"齐云山"酸枣糕

3. 提供就业机会

传统种植业由于需要大量劳动力，因而对农村就业贡献较大。统计资料显示，当前全县农业从业人员占总就业人数的48.71%，梯田系统主要核心区的上堡、思顺、丰州三乡的这一数据分别为50.49%、48.16%和52.76%。崇义县农村住户收入结构为第一产业占比87.82%，第二产业占比1.52%，第三产业为10.63%。其中农、林、牧、渔业收入比例为：63.94∶18.82∶17.09∶0.12。各项数据均表明崇义县的农民收入主要来源为种植业。村集体收入和农民个人收入均保持增长。

（二）
壮丽景观，充实美学价值

1. 核心区梯田分布连片

崇义客家梯田系统分布在齐云山自然保护区内，规模性连片梯田主要分布在遗产地核心区，此范围内的梯田基本属于陡坡梯田。此外，在聂都乡、金坑乡、乐洞乡、麟潭乡、古亭镇、关田镇等乡镇有少量梯田零星分布，规模不大，且坡度也小，属缓坡梯田。

梯田景观

崇仁客家梯田

王发清

赣腹山川紧紧连，稻香林茂鸟飞旋。

层层叠撰成千碟，步步攀登上九天。

夏绿浓浓如画卷，秋黄灿灿证丰年。

春风又暖苏区地，待客佳风情意绵。

——摘自《重要农业文化遗产赋》

　　崇义客家梯田被誉为客家农耕之源，其景观是一种兼具自然性、生产性以及文化性的综合景观，是人与土地、山林和谐共存的杰作，先后被农业部认定为"中国最美休闲乡村""中国重要农业文化遗产"。遗产范围内的梯田面积占耕地面积的13.49%，但核心区的上堡乡的梯田面积达1 491.13公顷，已占全乡耕地面积的94.5%，分布集中，且面积较大，因此被上海大世界基尼斯认定为"最大的客家梯田"。

上堡梯田——最大的客家梯田

2. 垂直落差和坡降大

　　崇义客家梯田的主要梯田群最高达62梯层，最高海拔1 260米，最低280米，垂直落差近1 000米；而坡降大主要体现在梯田坡度多在40°～70°之间，属于陡坡梯田。由于坡降较大，梯田多为只能种1～2行禾的"带子丘"和"青蛙一跳三块田"的碎田块。这种景观格局不仅凸显了梯田扩展耕地面积的功能，有效地提高了土地利用价值，而且具有较高的生态美学价值与人文价值。

崇义客家梯田生态系统良好的生态环境和适宜的小气候，十分适合于茶叶的生长。目前崇义县的茶园面积达2 733公顷，其中60%左右位于

崇义客家梯田

陈光文

群峰依水荡如蒸，天地原来似绕藤。

寥树疏风幽雅染，银锄沃土秉诚增。

春牛埂带蛙犹跳，客影桃源史可登。

握笔待描云叠叠，放歌长在半云层。

——摘自《重要农业文化遗产赋》

海拔800米的高山之上。茶园四周森林密布、高山崎峭，长年云雾缭绕，处于无任何污染的生态环境中。梯田系统内部还分布着不少的果园，近年来果园逐渐形成规模，成为梯田景观的元素之一。

梯田依山而建，层层叠叠，错落有致，连绵成片，垂直落差近1 000米，果园茶园相伴生成，客家村落散居其中。这种分布格局使得崇义客家梯田形成一个完整的系统，使生态环境与人类活动相互兼容、协同发展。

陡坡梯田（左和中）及"带子丘"碎田块（右）

3. 景观元素多样

　　茂密的森林，层叠的梯田，点缀在其间的园林和富有风情的、散落的客家民居有机结合在一起，形成了极富特色的客家梯田生态系统景观，呈现出崇义县景观的多样性；这些景观元素根据海拔由高至低依次为森林、竹林、茶园、梯田（民居）、果园、河流，充分体现了客家人适应自然环境条件的生活智慧，同时也体现了对景观格局及其功能的优化管理。

a.森林、竹林 　　　　　　b.高山茶园 　　　　　　c.梯田

d.点缀在梯田间的客家
民居 　　　　　　　e.梯田上的果园 　　　　f.河流中的冰川遗迹

g.古村落 　　　　　　　h.古街道 　　　　　　　i.古井

崇义客家梯田系统多样的景观元素

渔家傲·江西崇义客家梯田

刘景山

冬舞银蛇春绿被，夏天滴翠秋金坠。

四季风光都靓丽。

千层垒，斑斓色彩真娇媚！

崇义客家开拓地，梯田云际下零碎。

一跳青蛙三块易。

于岁尾，舞牛系彩将神祭。

——摘自《重要农业文化遗产赋》

梯田是一种重要的农业景观，是山区人民在长期耕作的过程中形成的具有地方特色的乡土景观和乡土文化。梯田景观是人地和谐共处的良性人类生态系统和土地持续利用的样板，是具有生产、生态、文化以及美学等多种功能（价值）的景观，是对土地进行持续利用的样板。梯田是适应不同的土壤、水分和地形等环境因素形成的农业景观，在各地呈现了不同的景观特征。梯田的景观特征由梯田的细部结构（如田埂、田面等）决定，梯田景观的空间结构由山体、村落、梯田的空间位置关系等因素共同决定。

江西崇义县客家梯田

蔡教元

巨手精心描世界，青山当纸绘粮仓。

云浮田垄写狂草，风抚禾涛奏乐章。

秋色染来金浪醉，春潮涌动菜花香。

丰收报喜争鸣鸟，韵味无穷我故乡。

——摘自《重要农业文化遗产赋》

崇义客家梯田坐落在海拔2 061.3米的赣南第一高峰齐云山山脉范围内，主要分布在水南、赤水、竹溪、良和、正井五处；赤水的万亩连片梯田群气势恢弘、宏伟大气，水南梯田群风光旖旎、多姿多彩，良和梯田群饱满圆润、风情万种，其他梯田群也各有千秋。

齐云山风景图

　　梯田位于客家村落之上、森林群落之下，由高至低形成森林—梯田—村落的空间分异。在崇义，随着时间的推移、时序的更迭，客家人对土地精耕细作、开垦灌溉，呈现出一道形态、色彩均发生有机变化的风景线。崇义梯田景观是一种最大限度利用土地、山水、人力等资源条件的生态景观，其多位于宅基以上、山腰以下，除了管理便利之外，还有一重要原因：完整保存山上的风水林、竹林，从林中获得滋润作物的水源。层叠的梯田呈现出山脉的肌理与纹络，形成宅上有田、田上有林，人工与自然完美结合的生态景观。

　　梯田景观是人类在适应自然和土地的过程中创造的生存艺术，对构建和谐的人地关系有参考价值。梯田景观作为一种传统农业生产景观，在新的时期，应在不同的地区选择适合当地状况的发展方式，达到既能够促进经济又可以保持生态系统完整，满足当地人精神需求的目的。

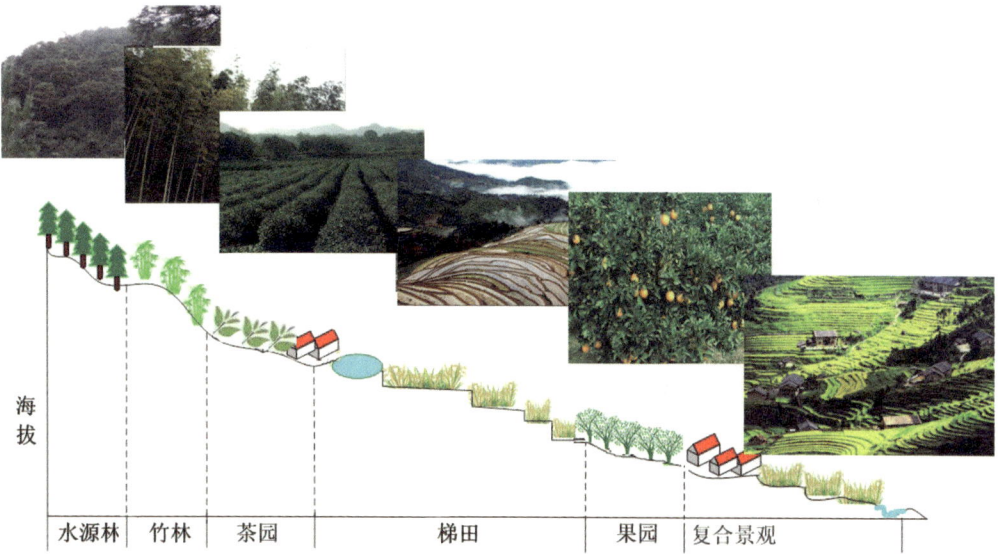

海拔

| 水源林 | 竹林 | 茶园 | 梯田 | 果园 | 复合景观 |

崇义客家梯田稻作系统景观分布格局剖面图

崇义客家梯田稻作系统景观分布图（遥感影像）

4. 分布于山脉阳坡中部

崇义客家梯田分布集中，零散块状分布较少。崇义客家梯田分布在齐云山东南方向的延伸山脉上。受地形抬升和位于阳坡中部的"暖带"影响，在崇义客家梯田遗产范围内，山地气候明显，热量与水资源相对充足，作物受霜冻害和旱灾影响的机会较少，是山区农作物生长的"安全带"。特别是位于齐云山自然保护区内的上堡乡梯田，森林与梯田相互交织，森林截留、涵养水源的生态功能价值，维持并促进了梯田的发展；而对梯田水源的需求又反过来作用于水源地森林的保护和发展，从而呈现出梯田重要的生态功能价值和生物多样性价值。

齐云山自然保护区风景

梯田自流灌溉系统

　　崇义客家梯田山地农林包含森林生态子系统、水域生态子系统、农田生态子系统和人类生态子系统等不同类型子系统，各子系统间以水为主线，通过能量循环系统和物质流动形成了一个兼具水平与垂直分布的良好空间结构和具有协调性、适应性的复杂生态系统，以山坡上众多的渗水为灌溉源头，以人工修筑的水渠进行引导，将雨水与山泉水引入农田。田间灌溉一般采用自流漫灌方式，对水资源进行合理的调配。但灌溉比水位高的田地时，一般采用水车提水。至今上堡村莲塘湾、小车河头、玉庄村的河畔都装有水车，玉庄村仍有以物为名的村落——高车村。

（三）
物种丰富，保障生态文明

1. 维护生物多样性

　　生物多样性是人类赖以生存和发展的物质基础。生物多样性是指生命有机体及其借以生存的生态复合体的多样性和变异性，主要包括遗传多样性、物种多样性、生态系统多样性和景观多样性。农田生态系统作为受人类干扰最为严重的生态系统类型，其生物多样性主要表现为种植作物及多种动物、植物和微生物的多样性。农田生物多样性是农田生态系统提供服务的基础。在过去的几十年里，世界范围内的生物多样性丧失空前严重，而农业活动正是造成生物多样性丧失的一个重要驱动因素。

　　梯田生态系统作为一个特殊的农田生态系统，同样具有以上三个主要的生物多样性价值。梯田生态系统中多样的作物种植能够提供实物型的直接价值，梯田生态系统的中的景观多样性能够带来清新的空气、美的享受，给人舒适的心情。也正是由于这些生物多样性价值，梯田生态系统能够给崇义县政府和人们带来旅游产业收入和生态服务价值的经

主要地方农作物品种1

主要地方农作物品种2

济补偿。除此以外，对梯田生物多样性的保护有利于对各种植物、微生物和昆虫的持续利用。农民可以利用生物多样性来抑制害虫和杂草，提高作物产量。对于那些野生的生物资源，除去控制农药的使用外，应充分利用作物种植所形成的景观布局，为它们提供生息、繁育、避难和越冬的必要条件，从而在更大程度上实现梯田生态系统的生物多样性功能。

于元朝开始开垦种植以来，客家人把梯田构建成立体分布的大型生态园，不仅防止了山区的水土流失，而且确保了该地区生物的多样性，使其成为珍稀动植物的良好栖息地。根据调查，崇义客家梯田系统内栖息的动植物种类达4 588种，其中国家级保护动植物70种，濒危动植物有44种。从物种培植情况来看，梯田最主要的生产功能是种植水稻，勤劳的客家人经过800多年的农耕实践，根据不同海拔地带的土壤气候，培育出94个水稻品种，其中至今还在种植的有13种，极大地丰富了水稻基因。其他野生动植物也有上百种。

藏酋猴

大灵猫

穿山甲

云豹

重点保护动物

伯乐树

金钱松

红豆杉

银鹊树

重点保护植物

　　梯田系统中的每一块梯田里面都有数不清的生物种类，每一块梯田就是一个小型生态园。梯田里除种植了水稻等农作物外，还生长着浮萍、水芹菜、细叶菜、鸭舌草、鞭苔、空心莲子草等十多种自然水生植物和黄鳝、泥鳅、田螺、青蛙、水蛇等数十种自然水生动物。崇义客家梯田多样的种植模式和景观布局也能够提高生态系统的物种多样性和遗传多样性，丰富的生物多样性有利于控制病虫草害的发生，减少农药、除草剂等的施用，对推动当地农业的可持续发展具有重要意义。

梯田田间农作物

对生物多样性的保护，不是绝对的保而不用，而是在保护的基础上、在生物多样性可承载力范围内的适度开发利用，从而达到持续利用生物资源和保持生物多样性的目的。保护是为了发展，发展是为了更好地保护。加强对梯田系统所处的自然环境和农田生态系统的保护有利于更好地实现生物多样性价值。

2. 调节地区小气候

梯田是防止水土流失、涵养水源的一项有效措施。将坡耕地修成梯田不但可以增加土壤含水量，还能减少90%以上的水土流失。

梯田景观

崇义客家梯田的气候调节功能主要体现在调节温度和空气湿度等方面。梯田山地农业体系充分利用了森林和竹林的水源涵养功能及梯田的水土保持功能。崇义的客家人依托山势，先在不同等高线上修筑大大小小的水田，再通过在山顶种植树木和竹林截留、储存天然的降水，形成泉水密布的高山湿地，湿地的水以溪流、山泉的形式流入村庄、梯田，而大面积的水田和河流的水分蒸发后在空中形成云雾，又以雨水的形式回灌山地与河谷，形成了一个优良的水利灌溉循环系统，有效地减小了洪涝、干旱灾害对水稻生产的影响。林地、竹林和梯田构成的良好小气候环境，有利于整个崇义客家梯田系统保持丰富的水源，是崇义客家梯田应对夏秋季节性干旱的重要保障。崇义的梯田里一年四季都灌满了水分，从而使梯田中形成了大量含水性能良好的黄泥土和灰泥土，生长其中的各种植物及其质地黏重的不透水层使其具备了大量的蓄积水分的功能。因此，层层梯田变成成片的蓄水池，使得干枯的山坡变成了具有蓄水功能的湿地水库。

林地、竹林和梯田叠加的景观

3. 水源涵养与土壤保持

崇义客家梯田依托山势，通过大大小小的水田、成片的竹林和阔叶林等对天然降水的截留和储存，充分发挥水田、树林、竹林和草地的水源涵养作用，有效减小了洪涝、干旱灾害对农业生产的负面影响。通过测算，水田的水源涵养量达6.52亿立方米，旱地的水源涵养量为0.373亿立方米，园地的水源涵养量为0.337亿立方米，林地的水源涵养量高达66.9亿立方米，草地的水源涵养量为0.652亿立方米。崇义客家梯田水源涵养的总量达到74.8亿立方米，水源涵养作用非常明显。

崇义客家梯田的水源涵养量

项目	面积（公顷）	水源涵养量（亿立方米）
水田	4440.17	6.52
旱地	254.04	0.373
草地	443.62	0.652
园地	229.17	0.337
林地	45541.12	66.9
合计	50908.12	74.78

梯田作为一个重要的农田生态系统，在我国已经有数千年的历史，是广大农民创造的最重要的水土保持措施之一。坡耕地修成水平梯田之后，田面变得平整，地面坡度和径流系数改变，坡长缩短，并且田坎可

梯田的修筑

拦截住梯田间距内产生的径流和冲刷的泥沙，从而避免或减轻了径流的产生。经多年监测，坡改梯减缓坡度后，减沙效果达24%～95%，平均为70%左右，同时可减少地表径流42%～47%。梯田不仅具有保持水土的作用，也可使作物产量明显提高。

崇义客家梯田得天独厚的自然条件以及历史悠久的良性农业耕作模式也对保持土壤有利。农作物、树木和竹林种植对地表的覆盖可增加土壤入渗强度，改变地面坡度和径流系数，缩短坡长，并且田坎可拦截住梯田间距内产生的径流和冲刷的泥沙，从而避免或减轻径流的产生，使坡耕地成为保水、保土、保肥的"三保田"，起到良好的土壤保持作用。通过计算，崇义客家梯田区域中的水田每年保持的土壤量达17.3万吨，森林植被每年保持的土壤量达909万吨。此外，崇义客家梯田区域内的旱地、园地和草地等也具有较好的土壤保持作用，年保持土壤量约为1.12万吨。综合来看，总保持土壤量达到928万吨。

4. 环境净化与气体调节

崇义客家梯田是一个半自然半人工生态系统，主要包括水田、森林、园地和草地等，具有较好的环境净化功能，特别是能净化空气质量。森林和水田生态系统对于改善崇义空气质量具有非常重要的作用，能够吸附SO_2、NO_x、HF和滞尘等。综合计算来看，崇义客家梯田每年能够吸附SO_2的量约为10 060.16吨，吸附NO_x的量约为451.94吨，吸附HF的量约为166.08吨，吸附滞尘的量约为115万吨，环境净化作用明显。

气体调节功能包括生态系统调节大气和调节气候的功能。调节大气主要指调节生态系统中的大气成分的功能，主要包括调节CO_2、O_2平衡，O_3臭氧层的保护功能以及降低大气SO_x的水平等；调节气候主要指调节全球气温、降水和其他区域范围内的气候的过程，主要包括调节温室气体，夏季降低气温以及影响云的形成等。水稻通过光合作用将太阳能转换为自身的生物能，在这个转换的过程中固定大量的CO_2和释放大量的O_2，所以对崇义县客家梯田气体调节价值的评估中，主要以水稻固定CO_2、释放O_2和调节气温的能力为主。水稻田生态系统在夏季炎热时具有降温效应，可以计算水稻田生态系统的蒸发量，再采用替代成本法代替同等量的蒸发量对该系统调节气温上的经济价值进行估算。由于梯田有常年流动的水面，水分蒸发形成的气流在森林上空转化为绵绵降雨，终年不绝，汇成山间无数水潭和溪流，形成了天然的绿色水库，森林存

梯田系统中的森林景观

储的地表径流又被条条水沟拦截后引入梯田，周而复始，由此森林与梯田之间形成良好的循环生态链，这无疑对气候起着重要的调节作用。水稻田生态系统在气体调节功能方面的价值为：固定CO_2的功能价值，释放O_2的功能价值，调节气温的价值。

崇义客家梯田的气体调节功能主要体现在竹林、针阔叶树林和水稻等对CO_2的固定和O_2的释放上，这对于降低区域温室气体浓度具有重要作用。客家梯田区有林地45 541.12公顷，水田、旱地、草地和园地共约5 367公顷，每年可生产约22.8万吨干物质。根据估算，崇义客家梯田林地每年固碳量约为103万吨，可释放$O_2$75.9万吨；水田、旱地、草地和园地固碳量约为74.4万吨，可释放$O_2$54.9万吨。综合来看，崇义客家梯田区域内年固碳量达177万吨，释O_2达130万吨，具有非常好的气体调节功能。

（四）

孜孜传承，奠定文化底蕴

文化传承对于一个国家、一个民族的行为意识和社会制度路径选择具有巨大影响，而文明进步对于人类社会的发展具有决定性意义。可以说，社会系统演化是文化与文明两股力量交互作用的结果。中国具有悠久灿烂的农耕文化历史，加上不同地区自然与人文的巨大差异，创造了种类繁多、特色明显、经济价值与生态价值高度统一的重要农业文化遗产。这些都是我国劳动人民凭借着独特而多样的自然条件和他们的勤劳与智慧创造出的农业文化典范，蕴含着天人合一的哲学思想，具有极高的历史文化价值与丰富的生态文明内涵。

客家梯田文化能传承至今，得益于一代又一代优秀的文化传承人，他们用歌声传承农耕文化，用智慧延续祖先的历史，担负着民族文化的

客家民俗活动

继承和传授。崇义梯田文化的传承主要依赖于客家人通过古老传说、民俗文化、革命历史和农谚等传统的方式进行。在长期耕作过程中，客家人逐渐摸索出不同于其他农区的文化习俗、宗教习俗、乡规民约、民居建筑、节日庆典、服饰歌舞、文学等，它们无不以梯田为核心，处处渗透着梯田文化的精神，成为客家农耕文明的一道奇观。这些独特的文化艺术形式，如"春牛文化""猎酒文化""茶文化""农耕文化"等，均具有浓郁的客家乡村风情和梯田特色。

浓郁的客家文化是传承崇义梯田历史文化、发展旅游的巨大优势。梯田传统耕作方式是珍贵的农耕文化重要的表现形式，但随着时代的进步，传统耕作方式已消失殆尽。为让广大游客深刻体会"粒粒皆辛苦"的劳作艰辛，当地安排游客随着季节变换参与犁田、耙田、插秧、收割等系列耕作环节。了解客家梯田的文化传承，能使崇义人更直观地了解本地区的农业历史，认识到客家梯田在可持续发展理念上的独特贡献，从而增强自己的文化自豪感和自信心。这些于长期梯田耕作中积累的生产经验存在于人们的日常生活之中。崇义客家梯田整个农耕系统中的技术与经验、知识与制度均以活态的形式传承至今，符合可持续发展理念，也符合人与自然和谐共生的理念。

崇义客家梯田文化是崇义民族文化中最具代表性的文化类型，也是前人勤劳和智慧的结晶，更是前人留给我们的宝贵财富。

客家人的耕作

　　崇义客家梯田文化中，山歌民谣、农耕农谚、宗族思想都是梯田文化内涵的抽象体现，它们构成了客家梯田文化的精髓和核心，对客家人的生产、生活起到了指导和精神支撑的作用，推动着梯田耕作社会的更替和发展；而饮食建筑、农业工具、灯彩服饰是其文化价值的具体载体，承载着客家人生产、生活的全部，传承和丰富着客家的梯田文化，维护着梯田文化系统的稳定和乡村体系的生存发展。

　　当面临工业文明带来的一系列环境问题时，传统的农耕文化中所蕴含的智慧和"人地和谐"的思想值得我们去探索、去吸收，进而反思现代农业与传统农业的关系，从传统农耕文化中汲取生存与发展的智慧，以克服现代化的消极影响。因此，探索和保护传统文化是保护传统农业系统的重要内容之一。

三

崇义梯田，构筑赣南的生态屏障

江西崇义客家梯田系统

经过客家人世世代代的修筑和维护，崇义客家梯田得以为崇义人持续地提供各种资源和价值。一方面，梯田系统保障了各类农业资源的可持续利用；另一方面，也正是为了更好地获得各类产品，梯田才得以被维护，两者相辅相成。除了梯田系统自身相互保障的关系外，这里还有来自系统外围的绿色屏障，这其中最为重要的就是客家梯田背靠的齐云山。作为自然保护区的齐云山不但养护着森林、保持着水土，还蕴藏着丰富的生物资源。这些因素共同构成了崇义客家梯田的生态屏障。

梯田景观

（一）
种植久远，躬耕客家田

1. 农作物资源

崇义的水稻品种一直较为多样，据民国37年（1948年）《崇义县志稿》

记载：水稻种类，以成熟时间分有早稻、中稻和晚稻；以米质分有籼稻、粳稻和糯稻；以谷色分有麻壳和黄壳；以品种分，籼稻有救公饥、百日早、牛尾秆、麻秆、西湖早和赣早籼1号，粳稻有红壳大禾、白壳大禾等，糯稻有大糯、柳条子、三秆糯、红壳糯等。自元朝开垦种植以来，梯田一般是种植水稻为主，数百年来都采取一年一熟的耕作制度，只有极少数个别田块采取一年二熟制，大部分时间土地被闲置。直到20世纪60年代，一些地区才广种早稻，实行"早稻–二晚稻–绿肥、油菜"的耕作制。但因海拔、阳光等地形气候因素限制，早稻的推广并不成功。到20世纪90年代末，由于杂交水稻的高产，只种一季稻便可自销自足，早稻逐年减少，到现在已基本不再种植。而在水稻品种上，崇义数百年来都以产量低的高秆水稻为主，直到20世纪70年代才引入矮秆品种，种植数百年之久的高秆水稻除极个别具有药用功能的品种，如高秆红米、大禾子尚有种植外，其余全部被淘汰。1975年县农业科学研究所开始试种杂交早稻矮优2号组合。到21世纪，由于杂交稻高产增收，日常管理相对简单，随着农村劳动力的流失，更多人选择了种植杂交稻来替代传统水稻。此外，因为缺乏劳动力，目前崇义客家农民普遍选择种植一季杂交水稻，其他时间便让梯田闲置，甚至很多地方已出现田地荒芜的迹象；还有的田地已改作旱地，种植玉米、红薯、花生等易于管理的经济作物。

崇义客家梯田水稻品种多样，经过历代客家人的培育、选种和育种，当前仍种植的传统水稻品种主要有红米、大禾子、黄壳糯、黑米和矮足大禾等，共13种。除水稻以外，其他常见的粮食作物主要有薯、玉米、高粱、麦、粟和豆类等，共22个品种。

红米

黄壳糯

大禾子

狗尾粟

高粱

紫薯

荞麦

传统玉米

崇义客家梯田的部分粮食作物

除粮食作物之外，其他农作物的种质资源也非常丰富。例如纤维作物分为棉花和麻类，共8个品种；油料作物主要分为油菜籽、芝麻、油茶和花生等，共9个品种。作为崇义本地主要糖料作物的甘蔗，共有2个品种。蔬菜分为白菜类、根菜类、茄果类、瓜菜类、甘蓝类、豆菜类、绿叶菜类、薯芋类、葱类和水生蔬菜等10类48个品种，其中特色蔬菜品种有魔芋、瓠瓜、佛手瓜、水蕹菜、凉薯、红皮菜等。果树主要有柑橘、椪柑、脐橙、枇杷、杨梅和石榴等19个品种，其中刺葡萄、南酸枣是崇义的特色水果品种。茶叶有苦茶、乔木野生茶、阳岭秀眉茶、聂都苦茶、龙归茶等，共13个品种。绿肥作物有3种，以紫云英为主。

油菜

芝麻

花生

甘蔗

佛手瓜

瓠瓜

水蕹菜

魔芋

枇杷

南酸枣

脐橙

刺葡萄

崇义客家梯田的部分经济作物和水果

在以上农作物中属于传统农作物的有籼黄粟、鸡爪粟、狗尾粟、苎麻、黄麻、魔芋、瓠瓜、凉薯、苦茶和甜茶等，共26种。

崇义客家梯田传统水稻品种

序号	品种名称（当地）
1	南特号
2	陆才号
3	百日早
4	长腰早
5	珍珠矮
6	矮足南特号
7	红米
8	黄壳糯
9	黑米
10	麻粘糯
11	大禾子
12	高粱糯
13	矮足大禾

其他传统农作物品种

序号		品种名称（当地）
1	薯类	红皮薯
2		白皮薯
3		花心薯
4		传统玉米
5	高粱	高秆高粱
6		矮秆高粱

续表

序号	品种名称（当地）	
7	麦	大麦
8		小麦
9		荞麦
10	粟	籼黄粟
11		糯米粟
12		鸡爪粟
13		狗尾粟
14		黄粟
15	麻类	苎麻
16		黄麻
17	花生	
18	魔芋	
19	瓠瓜	
20	凉薯	
21	佛手瓜	
22	水蕹菜	
23	红皮菜	
24	甜茶	
25	苦茶	
26	乔木野生茶	

2. 特色农产品

丰富的农作物资源为农产品加工业的发展提供了坚实的基础，当地通过加工包装形成的有特色的农产品种类繁多，如：高山有机茶（赤水仙）、高山有机富硒米、刺葡萄酒、葛根粉丝、石鱼、红菇、竹荪、竹笋、茶油、黄元米果等。

上堡乡的高山有机富硒茶

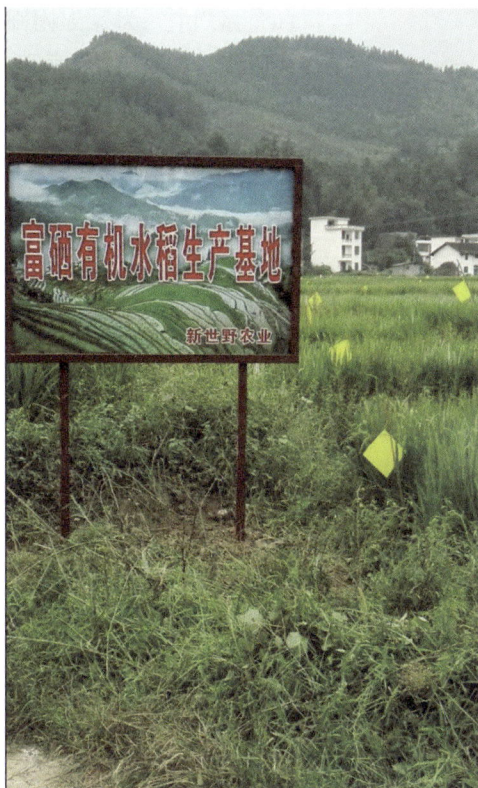

高山有机米示范基地

上堡乡的高山有机富硒茶，生长在海拔700～1 100米之间的山顶：一垄垄茶树盘旋在山顶，层层叠叠，高低错落，云蒸霞蔚，清新而壮美。独特的原生态的环境，造就了高山富硒茶特有的韵味。因此，其多次荣获省（市）名优茶评比金（银）奖，并荣获上海国际茶叶博览会金奖、"中茶杯"评比一等奖等殊荣。

目前崇义县高山有机米示范基地达500亩、联动基地5 000亩，形成"高山梯田牌"等品牌，产品远销广东、上海等地。崇义客家梯田的高山有机富硒米富含多种矿物质，用无任何污染源的山泉水灌溉，享用最天然的有机肥料，严格遵循有机产品标准，同时还选用了原生稻种。"高山梯田"牌野香粘（有机富硒大米），

不仅通过了有机转换产品认证，还获得第七届江西名优农产品（上海）展示展销会"畅销产品金奖"等荣誉称号。

高山有机富硒米产品

"高山梯田"牌野香粘（有机富硒大米）产品和认证

刺葡萄是崇义县特有的野生水果，为中国南方主要的野生葡萄品种之一。当地企业通过建设野生刺葡萄种质资源圃，收集、保存了1 100多份中国南方主要山区的野生刺葡萄植株，是进行刺葡萄良种繁育和资源研究的重要平台。崇义企业酿造的刺葡萄酒还获得"亚洲葡萄酒大赛"两项金奖和两项银奖，并实现了中国本土品种的葡萄酒在该国际质量大赛上金奖零的突破。其"刺葡萄栽培及其产品开发"科技项目，已被列入江西省科学技术成果。

刺葡萄酒

高山茶油

其他特色农产品

（二）
种类繁多，劳作在村庄

　　除了各种农作物和农产品外，崇义的畜禽养殖和渔业资源也很具有山区特色。

1. 畜禽资源

　　在畜牧资源上，明清和民国时期，崇义的畜牧渔业一直处于自发状态。品种单一，技术落后，饲养周期长，死亡率高。新中国成立后，人民政府设置专门机构管理畜牧渔业，配备和培训专业人员，注意科学技术的推广与普及，不断引进新品种，使得崇义的畜牧业得到快速发展，物种增多。崇义县畜牧业的主要品种有：猪、牛、羊、禽（鸡、鸭、鹅、鸽）、狗、猫、兔、蜂。新中国成立前，民间有少量马、鸽；新中国成立后，养马已不复见，而近几年饲养家鸽的人增多。自从大量使用灭鼠药后，家猫数量锐减。新中国成立前，畜禽品种多为本地种；新中国成立后，不断从外地引进新品种，家畜家禽品种得到改良。在渔业资源上，据初步调查，全县鱼类有9科，其中以鲤科为主。此外，还有蚕桑生产养殖业、药用动物（蜈蚣等）养殖业。

客家梯田地区的畜禽种类也较多，主要有猪、牛、羊、兔、狗、猫和鸡、鸭、鹅、鸽等共66个品种：家猪12种，牛5种，羊10种，兔7种，鸡5种，鸭10种，鸽5种，蜂2种，猫5种，狗5种等。其中传统饲养动物品种有传统花猪、黄牛、传统鸡和传统鸭等共14种。

a.本地花猪

b.赣州白猪

c.黄牛

d.水牛

e.黑山羊

f.传统鸡

g.传统麻鸭

h.传统灰鸽

崇义客家梯田部分畜牧物种

主要畜禽资源

猪：本地花猪、上犹花猪、赣州白猪、玉山猪、约克夏猪、巴克夏猪、长白情(英系、日系)、苏白猪、宁乡猪、杜鲁克猪、约克、赣白母猪、广东河师、二元杂交母猪长大型。

牛：本地水牛、黄牛、贵州花岗牛、荷兰牛、杂交牛、黄牛。

羊：本地山羊、新疆细毛羊、高加索细毛羊、山西乳山羊、成都麻羊、河南甩羔羊、麻羊、万载山羊、宜春山羊、黑山羊。

兔：本地兔、安哥拉兔、西德兔、日本大耳兔、杂系兔、长毛兔、皮肉兼用兔。

鸡：本地鸡、珍珠鸡、乌青鸡、七彩山鸡。

鸭：蛋用金定鸭、蛋用绍兴鸭、狄高鸭、杂交鸭、大系麻鸭、樱桃谷鸭、兴国灰鸭。

2. 渔业资源

在渔业资源上，客家人在水库、池塘和湖泊等水域进行水产养殖，其中稻田养鱼是有代表性的特色生态养殖方式，主要养殖鲤鱼、鲫鱼、泥鳅等。据初步调查，本地养殖鱼类以鲤科为主，还有鳅科、鲶科等9科28个品种，爬行类、甲壳类和贝壳类也有一定规模的养殖，其中爬行类的主要养殖品种有鳖、牛蛙、美国青蛙等；甲壳类的主要养殖品种有青虾、小长臂虾、溪蟹等；贝壳类的主要养殖品种是蚬、田螺等。本区的鱼类区系大致由以下4个复合体组成：中国江河平原区系复合体、古代第三纪区系复合体、中印山区区系复合体、南方热带区系复合体。值得一提的是，本区水电站等小型水利枢纽的兴建，对鱼类产生了一些不利的影响。

主要渔业资源

鲤科：鲤鱼、青鲤、江鲤、玉石鲤、婺源红荷包鲤、兴国红鲤、散鳞镜鲤、鲫鱼、石鲫、日本白鲫、彭泽鲫、青鱼、草鱼、鲢鱼、鳙鱼、固头鲂、三角鲂、麦穗鱼、黄尾密鲴、红鳍鲌、马口鱼、倒刺鲃、翘嘴鱼、华腺鱼、石鲋鱼、古脑鱼、大眼婆、棒化鱼、蛇鲍、麻鲍。

鳅科：泥鳅、花鳅。

鲶科：鲶鱼。

合鳃科：黄鳝。

胡子鲶科：胡子鲶、革胡子鲶。

鮠科：黄颡鱼、鮰鱼。

鮨科：广西鳜、尖吻鳜、波纹鳜。

虾虎鱼科：庐山石鱼。

丽鱼科：莫桑比克罗非鱼、尼罗罗非鱼、红罗非鱼。

爬行类：鳖、乌龟、鹰嘴龟、金龟、小鲵、棘胸蛙、牛蛙、美国青蛙。

甲壳类：朱虾、青虾、小长臂虾、溪蟹。

贝壳类：背角无齿蚌、园背角无齿蚌、蚬、田螺、椎实螺、环棱螺、苹果螺（福寿螺）。

a.鲫鱼

b.婺源荷包红鲤鱼

c.青虾

d.田螺

崇义客家梯田部分渔业资源

（三）

物种多样，背靠齐云山

　　江西齐云山自然保护区位于江西省西南边陲崇义县西北部，地处湘赣两省界山——罗霄山脉的南端、南岭山地北坡，属中亚热带东部湿润型季风气候区。齐云山是罗霄山脉南端诸广山脉主峰，海拔2 061.3米，为赣南第一高峰。齐云山保护区地理坐标为：东经113°54′37″～114°07′34″，北纬25°41′47″～25°54′21″，总面积17 105公顷，其中核心区5 680公顷、缓冲区2 750公顷、实验区8 675公顷。属"自然生态系统"类别中的"森林生态系统"类型的中型自然保护区。保护区建立于1997年，2012年晋升为国家级保护区。

　　齐云山保护区地处南亚热带和中亚热带过渡区域，这里既有大量保护得较为完好的南亚热带植被类型，又是我国中亚热带东部森林植被类型保存比较完整的地域，常绿阔叶林生长得尤为繁茂，是野生动植物理想的栖息繁衍场所和我国中部夏候鸟迁徙的重要通道之一，更是濒危动植物和许多孑遗植物的避难所。保护区内生态系统组成成分复杂、类型丰富，物种相对丰度较高，珍稀和地域性植物群落多，保存有重要的长苞铁杉、福建柏、五列木、天目紫茎、舟柄茶、伯乐树、兰科植物等原生群落，以及分布广、面积大的大果马蹄荷、南岭紫荆、秀柱花等南岭山地特有植物群落。其垂直分布依次为竹林–常绿阔叶林–常绿落叶阔叶林–针阔混交林–灌丛矮林–高山草甸，因此，齐云山保护区既保留有南亚热带部分森林生态系统的特征，同时又具有十分典型的中亚热带森林生态系统的完整性，是两个区域生态系统的交汇和过渡带。因此，齐云山保护区对研究物种的起源和进化、遗传规律、动植物分类、生物地理学具有很高的保护价值和科研价值，是开展科普宣传和教学实习的良好场所。

齐云山自然保护区

1. 野生植物

亚热带森林生态系统具有良好的完整性和典型性。齐云山由于地处中亚热带东部湿润型季风气候区,又为罗霄山脉与南岭山脉的连接处,气候温暖,雨水充沛,森林植被丰富。

齐云山自然保护区有高等植物2 843种,隶属于270科1 031属,其中种子植物178科847属2 422种(裸子植物9科17属20种,被子植物169科

a.南方红豆杉　　　　b.伯乐树　　　　　c.银杏　　　　　d.小黑桫椤

e.喜树　　　　f.伞花木　　　　　g.马醉木　　　　h.苞舌兰

崇义客家梯田系统中的部分珍稀濒危野生植物

830属2 402种）；蕨类植物40科85属229种；苔藓植物52科99属192种。在种子植物中，人工栽培的有52科97属139种，天然分布的有168科784属2 256种（裸子植物7科7属10种，被子植物161科777属2 246种）。鉴定出大型真菌40科87属182种。

齐云山自然保护区天然分布的植物中：国家重点保护野生植物（第I批，1999年）有17种，其中一级3种、二级14种。这些种类隶属于17科17属，其中蕨类植物2科2属2种，裸子植物3科3属3种，被子植物12科12属12种；列入《中国植物红皮书》（第一批）的种类有20种，其中濒危1种、渐危9种、稀有10种；列入《濒危野生动植物种国际贸易公约（CITES）附录》（2007）的有3科76种，其中兰科最多，计74种；列入《IUCN物种红色名录（2007）》的有20种，其中濒危5种、易危8种、低危7种；列入《中国物种红色名录》（2007）的有88种，其中濒危13种、易危37种、近危38种。列入江西省级重点保护植物（2005年）有140种，其中一级保护植物53种，隶属于紫金牛科、兰科、芸香科3科，以兰科植物最多，达51种；二级保护23种，隶属于松科、冬青科等15科，以杜英科（6种）、松科（2种）、千屈菜科（2种）、木兰科（2种）四科较多，其余科均只含1种；三级保护65种，隶属于观音坐莲科、三尖杉科、杜鹃花科、壳斗科、百合科等34科，以樟科（8种）、木兰科（8种）、壳斗科（5种）、山茶科（4种）、蝶形花科（4种）、金缕梅科（3种）等6科为多，这些科所含种类超过所有三级保护种类的一半。

按中国植被分类系统及分类原则（中国植被编辑委员会,1980），齐云山自然保护区的植被类型归纳为4个植被型组(vegetation type group)、11个植被型(vegetation type)、70个群系(formation)。按中国植被区

a.生地

b.半夏

c.独脚莲

d.金银花

崇义客家梯田部分野生植物

划（江西森林编委会,1986），齐云山自然保护区所处的位置是：Ⅳ亚热带常绿阔叶林区域→Ⅳ A东部(湿润)常绿阔叶林亚区域→Ⅳ Aii中亚热带常绿阔叶林地带→Ⅳ Aiib中亚热带常绿阔叶林南部亚地带→I–Ⅳ Aiib-2南岭山地丘陵栲、楠、阿丁枫（蕈树）林、松杉林区→Ⅳ Aiia-2(14)桃江中游、贡水上游丘陵栲、楠、松杉林亚区(桃江、贡水丘陵森林亚区)。

国家一级重点保护植物 南方红豆杉

国家二级珍贵树种 观光树

齐云山种子植物特有属达33属，高于井冈山、九连山、八面山等区系。这些特有属种中有许多在系统发育上比较孤立的单型科、属，如伯乐树科、大血藤科、青钱柳属等，同时还有比较古老的裸子植物类群如铁杉属、榧属、红豆杉属等，说明齐云山区系在系统发育上具有一定的古老性。在齐云山发现了许多古老的、罕见的蕨类植物，如小黑桫椤、粤紫萁等；此外，齐云山还保存了许多第三纪的孑遗植物。

伯乐树是我国特有的、古老的单种科和残遗种。它在研究被子植物的系统发育和古地理、古气候等方面都有重要科学价值，被国家列为一级重点保护野生植物。该树种在江西齐云山自然保护区中分布较广，数量较多，保护完好。据悉，伯乐树树形优美、花形大、色娇艳、适应性强、根系发达，是可用于低山营造混交林和进行四旁绿化的珍贵树种。同时，该树树干通直、纹理直、色纹美观，又为优良家具用材。

国家一级重点保护植物 伯乐树

　　福建柏为第三纪孑遗的单种属植物，属国家二级保护稀有种。其在齐云山分布较广，在海拔700~1 600米的地段随处可见。其主要分布在上十八垒石陂头等一带，分布面积为1 485公顷。齐云山保护区的福建柏分布面积较大，种群数量较多，是福建柏分布相对集中的地域之一。保护区内福建柏种群结构稳定，更新良好，扩展能力较强。

国家二级重点保护植物 福建柏

崇义县在1996年被当时的国家林业部授予"中国竹子之乡"称号。本地竹资源十分丰富，主要有毛竹、箬竹、麻竹、苦竹、罗汉竹等23个品种。此外，药用类植物较多，主要有生地、半夏、独脚莲、金银花、七叶一枝花和阔叶十大功劳等共57种。

获授"中国竹子之乡"

a.毛竹

b.箬竹

c.麻竹

d.罗汉竹

崇义地区常见竹子

2. 野生动物

齐云山自然保护区动物资源丰富，有脊椎动物34目101科394种，其中哺乳类8目20科45种，鸟类17目54科257种，爬行类3目11科48种，两栖类2目7科24种，鱼类4目9科20种。已记录陆生贝类37种，隶属于10科18属；蜘蛛28科73属171种；昆虫18目162科824属1 168种。

a.金钱豹

b.黄腹角雉

c.白颈长尾雉

d.水獭

e.娃娃鱼

f.大灵猫

g.水鹿

h.虎纹蛙

崇义客家梯田系统中的部分珍稀濒危野生动物

其中国家Ⅰ级重点保护动物4种，国家Ⅱ级重点保护动物46种，珍稀濒危动物57种。以黄腹角雉和白颈长尾雉最具特色。

黄腹角雉，别名角鸡、吐绶鸟，全长约50（雌）~65（雄）厘米。雄鸟上体栗褐色，满布具黑缘的淡黄色圆斑。头顶黑色，具黑色与栗红色羽冠，飞羽黑褐带棕黄斑。下体纯棕黄，因腹部羽毛呈皮黄色，故名"黄腹角雉"，为中国特产鸟类。黄腹角雉是国家一级保护动物，中国红皮书濒危等级为R（濒危），是《世界雉类保护行动计划2000—2004》确定的急需保护的种类。

国家一级重点保护动物 黄腹角雉

白颈长尾雉，大型鸡类，休型大小和雉鸡相似。雄鸟头灰褐色，颈白色，脸鲜红色，其上后缘有一显著白纹，上背、胸和两翅栗色，上背和翅上均具一条宽阔的白色带，极为醒目；下背和腰黑色而具白斑；腹白色、尾灰色而具宽阔栗斑。雌鸟体羽大都棕褐色，上体满杂以黑色斑，背具白色矢状斑；喉和前颈黑色，腹棕白色，外侧尾羽大都栗色。为国家一级保护动物。

国家一级重点保护动物 白颈长尾雉

3. 微生物资源

崇义县的微生物资源种类也较多，共计40科87属182种。常见的大型可食用真菌有6种，分别为木耳、鸡油菌、香菇、草菇、林地蘑菇、茶新菇。本地珍稀真菌有半翅虫草、蝉花、蜂头虫草、粗皮灵芝、红皮美口菌、日本美口菌、牛舌菌、黄裙竹荪、小马勃等共20种。

a.木耳

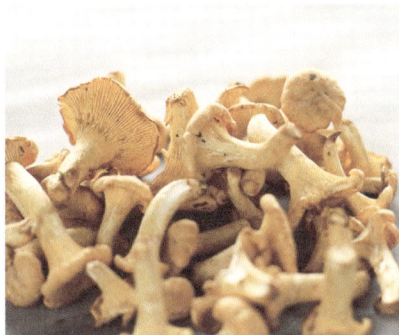

b.鸡油菌

c.草菇   d.香菇

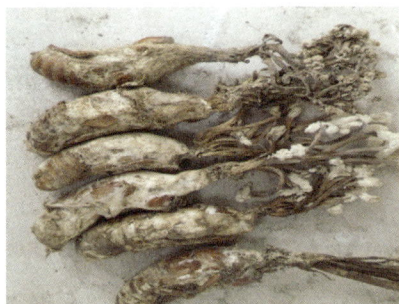

e.蝉花   f.蜂头虫草

g.黄裙竹荪   h.牛舌菌

当地部分大型真菌

  本地区大型真菌资源比较丰富，目前发现大型真菌共计40科87属182种，其中子囊菌门2科4属10种、担子菌门38科83属172种。本地区种类最多的科是多孔菌科，共有41种，占全部种数的21.93%；其次是牛肝菌科，含18种，占全部种数的9.63%；第三为红菇科，有14种，占全部种数的7.49%；之后是口蘑科。齐云山自然保护区的大型真菌共有89属。种类（包括种下单位）超过或等于5个种的属有5个，均为担子菌，共有73种，占齐云山自然保护区全部种数的19.79%，而属的数目仅占全部属数的5.62%。5个属均为世界分布属。当地比较有特色的菌类主要是黄裙竹荪和牛舌菌。

黄裙竹荪的子实体中等至较大，高8～18厘米。菌盖为钟形，具网格，其上有暗青褐色或青褐色黏性孢体，顶平，有一孔口。菌幕为柠檬黄色至橘黄色，似裙子，具菌托，苞状，从菌的边沿下垂长6.5～11厘米，下缘直径8～13厘米，网眼多角形，眼孔直径约2～5毫米。菌柄为白色或浅黄色，海绵状，中空，长7～15厘米，粗1.6～3厘米。夏季在竹林、阔叶林地上散生。此种多有毒，不宜采食，可供药用。

崇义特色美食——竹荪蛋

牛舌菌又称肝色牛排菌。此菌因形状和颜色似牛舌而得名。子实体中等大。肉质，有柄，软而多汁，半圆形、匙形或舌形，暗红色至红褐色。菌盖黏，有辐射状条纹及短柔毛，宽9～10厘米。菌内厚，剖面可见条纹。子实层生菌管内。菌管各自可分离，无共同管壁，密集排列在菌肉下面。管口土黄色，后变为褐色。夏秋季生于板栗树桩上及其他阔叶树腐木上。

四

农垦智慧，世代相传的实践经验

江西崇义客家梯田系统

在崇义客家梯田，独特的地形条件使崇义保持着原有的农耕方式，这些农耕方式与世代传承下来的农耕知识、传统技术和水土管理方式共同构成了崇义客家梯田系统的传统知识和技术体系，也造就了多样化的种植模式。在长期的生产实践过程中，客家人将传统农耕知识融入到各类农事活动中，形成用以指导耕作、施肥、病害防治的知识体系和传统栽培、梯田修建等技术，以及独特的水土管理方式，使梯田系统成为传统农耕经验的实践样本。

（一）
农耕知识，代代流传

1. 农耕谚语与农事安排

崇义客家人充分认识梯田，遵循自然规律，将古人"二十四节气"的博大内涵与长期劳动生活中得出的经验技巧结合，并用通俗的语言表达出来。如本地农民经过数百年的观察、体验总结出来崇义的物候（农历）特征：

> 一月杉树发芽。
>
> 二月春中响雷，春末断霜。
>
> 三月桐开花，燕回家，青蛙叫呱呱。
>
> 四月桃开花，柳发芽。
>
> 五月草蝉叫。
>
> 六月早稻出串和扬花。

七月中稻幼穗分化。

八月中稻开花，晚稻分丫。

九月燕南飞，落叶黄。

十月蛙虫息声冬眠。

十一月蛇冬眠。

腊月树停长。

——摘自《上堡乡志》

农耕农谚丰富了崇义客家人的农耕生活，是对农民不违农时、信守农耕作业习惯的形象表达，是客家人重要的精神财富，对梯田的耕作具有非常重要的现实意义和农业价值。

崇义客家农耕谚语基本分类及示例

类别	示例
指导农业生产	立冬唔（不）割禾，一夜少一箩 春夏唔铲油茶山，秋收少几担
预测天气状况	芒种火烧天，夏至水涟涟 霜降有水到立冬，立冬有水一冬晴
耕田的方法与技巧	犁尖对牛头，犁田不用愁 犁得深，耙得烂，一碗泥，一碗饭
传统绿色耕作经验	种田两件宝，猪粪红花草 稻草回了田，一年顶两年

四季气象谚语歌

春甲子雨，牛羊冻死；夏甲子雨，水打圳陂；

秋甲子雨，禾生两耳；冬甲子雨，雪满千里。

春丙寅阳，旱陂旱塘；夏丙寅阳，无水润秧；

秋丙寅阳，燥谷入仓；冬丙寅阳，少雪少霜。

客家农民耕作图

崇义客家农民在长期的生产活动中根据崇义县的物候特征、自然环境、土壤状况、农作物生长习性，经过长期用心观察、反复琢磨、不断探索，逐步积累总结形成朗朗上口、易记易懂和代代相传的农谚俗语，用以指导生产、进行农事安排，以便不误农时。例如："微雨众卉新，一雷惊蛰始。田家几日闲？耕种从此起。"即是说春节一过，就要考虑一年的生产计划，查阅"春牛图"，看哪一天是"惊蛰"，掐着日子开始一年的耕作了。一般是在正月二十日，称为"天聋地哑"的日子，大家牵牛拉着犁在田间走几圈，象征性地犁田，叫做起牛工，意为春耕即将

立春	惊蛰	清明至谷雨	立夏至小满	处暑至白露
Feb.3,4 or 5	Mar.5,6 or 7	Apr.4,5 or 6-Apr.19,20 or 21	May 5,6 or 7-May 20,21 or 22	Aug.22,23 or 24-Sep.7,8 or 9
农业生产计划	犁田和耙田	播种、育秧	插秧	收获

传统农事安排

开始。以梯田水稻种植为例（"传统农事安排"图），立春后，人们查阅"春牛图"，进行全年的农业生产规划，在惊蛰后开始整理梯田，主要是犁田和耙田，一般是二犁二耙，也有三犁三耙的。清明至谷雨期间播种育秧，立夏至小满期间插秧，处暑至白露期间收获水稻。本地田块分散且多梯田，不便边割边脱粒，人们往往先割下稻禾扎成"把"放在田塍上晾晒几天，再在桶杠里摔打脱粒。

2. 传统耕作工具的使用

农耕工具是客家文化和梯田融合的产物，是梯田文化带给客家人的艺术结晶，也是客家人征服自然、塑造梯田必不可少的瑰宝。由于梯田耕作系统的特殊性，崇义客家人制作出许多适用于当地梯田耕作的农业生产工具和农业灌溉工具。自古以来，牛配犁是主要的土地翻耕工具，牛是农田耕作的主要劳动力，在现代农业机械出现以前，水田几乎全部用牛配犁、耙翻田，缺牛的农户也有用人拉犁的。崇义客家梯田的牛配犁是主要的土地翻耕工具，1958年以前，水田几乎全部用牛配犁、耙翻田，现在则多用现代耕作机器，但仍有一些田块较小的梯田使用牛配犁、耙翻田等传统农耕技术进行耕作。

传统的农业工具，是中国农耕文明的一个符号，是古老农业遗留

田间劳作常用的传统工具

翻土/除草：链铲（阔板锄）、镬头（条板锄）、铁插（四齿锄）、两齿锄、三齿锄。

割草：茅镰、田刀、竹刀。

搓田：搓耙（有单双两种，有铁制和铁木合制的）。

收割工具：禾镰、禾桶（有方、圆两种类型）、围帐（用篾编成，防止脱粒时谷粒射出禾桶外）、箐箕等。

田间运输工具：竹箩、畚箕、扁担、秧船等。

抗旱工具：龙骨车（水车，有手摇和脚踏两种）。

a.谷耙   b.禾摞   c.风车

d.犁   e.礱   f.耙

g.石磨   h.石臼

i.水车   j.禾刀   k.篷垫

部分旧时农具

下来的一个密码。它们斑驳的身上刻画着崇义客家人劳作的身影，气息里夹带着人们的辛苦和汗水，纹理里绽放着人们丰收的喜悦，象征着客家人对传统的皈依、对农业的感恩。

3. 堆肥与施肥

中国有句老话："庄稼一枝花，全靠肥当家。"这里的"肥"字，主要指的就是农家肥。经过沤制、烧制、腐熟、消毒后的农家肥，肥力强、肥效长，含有丰富的有机质，对于改良土壤物理性质、耕作性能，提高农产品质量有着化学肥料不可替代的作用。在大规模施用化肥以前，崇义只有农家肥，如人畜粪尿、火土灰、秆灰、牛骨粉等。

此外，秋收后崇义客家人一般将牛、鸭、鸡等禽畜散养田间，让家畜觅食散落田间的谷物、杂草的籽实和田间的昆虫，遗留的水稻秸秆也不需要连根拔出，还田后与冬天散养在田间的牲畜的粪便一起发酵，可以增强土壤的肥力，从而保证农业生产的可持续发展。

农家肥堆肥的方法

选择适当地点（如阳光较好的地方）挖一土坑，深0.6～0.8米，垫0.1米的火土灰或秆灰，将烂菜叶、人粪尿及畜禽粪尿、鸡骨鱼刺以及其他生活废弃物放入坑内，表层盖一薄层干净的土，然后盖严，坑内要保持湿润以便肥料腐熟。一般是在秋冬季节堆制，经春季升温腐熟后即可放入梯田中作为水稻基肥使用。

田间散养的家禽照片

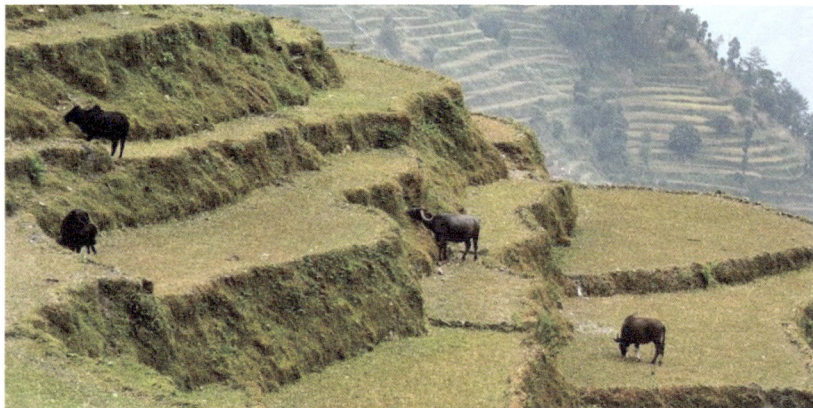

散养的牲畜

4. 病虫草害防治

崇义本地发生普遍、为害严重的杂草有稗草、异型莎草、牛毛毡、水莎草、扁秆藨草、碎米莎草、眼子菜、鸭舌草、矮慈姑、节节菜、水苋菜、千金子、双穗雀稗、野慈姑、空心莲子草、鳢肠、陌上菜、刚毛荸荠和萤蔺等。

传统除草方法以人工为主，由农谚"秧田拔草（稗草），田里收宝"可见，客家人很早就知道对水稻秧田进行除草在水稻产量方面的重要性。每年秋收后客家人将牛、鸭、鸡等禽畜散养田间，在一定程度上也能够抑制来年杂草的繁衍。此外，在稻田养鸭及在田埂上种植作物（如

崇义农民除草

大豆）也可减轻杂草危害。

（1）水稻病害害防治方法　本地影响水稻生产的主要害虫为稻飞虱、稻纵卷叶螟和水稻螟虫等，病害主要有纹枯病、稻瘟病、稻曲病、白叶枯病等。

本地传统的病虫害防治方法有以下几种：

及时耕沤。《吕氏春秋•任地》指出："五耕五耨，必审以尽。其深殖之度，阴土必得；大草不生，又无螟蜮。"《种莳直说》写道："耙功不到……有悬死、虫咬、干死等诸病。耙功到……自耐旱，不生诸病。"可见多耕对防止病虫杂草为害有良好的作用。崇义客家人十分注重梯田的翻耕，如谚语"立冬前犁金，立冬后犁银，立春后犁铁"，即立冬前耕沤最好，在立冬前犁田可以有效地防治病虫、杂草。

合理的农事安排。明代农学家马一龙在《农说》中认为"灌田者，先须以水遍过，收其热气，旋即去之，然后易以新水，栽禾无害……日中雨露，或以长牵，或以疏齿披拂，勿令凝着，则虫不生"。崇义客家人在相关方面的思想也与这种传统认知有共通之处，认为各种病虫"皆由雨湿日燥、寒热薰蒸而生"，恰当的农事活动能够有效改变病虫发生的雨热条件，从而起到防治病虫的目的。"微雨众卉新，一雷惊蛰始。田家几日闲？耕种从此起"便是一例。

火烧禾茬和冬翻

定期整治田间环境。《沈氏农书·运田地法》指出："至于脚膝，亦要年年做一番，不惟便于挑泥、挑壅、挑稻；一切损苗之虫，生子每在脚膝地滩之内，冬间铲削草根，另添新土，亦杀虫护苗之一法。"通过整治田间环境，尤其是在冬季铲除杂草根部，再回填新土，能够有效地减少病菌、害虫繁殖的场所，特别是减少越冬虫源，从而起到防止病虫危害的作用。

恰当的种子处理。种子带菌或带虫卵，是病虫害发生的重要原因。《齐民要术》主张盐水选种，《氾胜之书》主张以附子浸出物处理种子。显然，恰当的种子处理，能够有效地减轻病虫危害。古时候，崇义客家人一般会在稻谷收获后挑选穗大籽粒饱满色泽好的稻穗进行晾晒，在播种前二十天还要进行晾晒种，这样可以使种皮水膜变薄，使之具有良好的透气性，从而提高种子的发芽率。对水稻种子的消毒主要采用冷水法，即"浸谷，用腊雪水浸过，耐旱辟虫伤"。用冷水浸泡谷种可以预防病虫害产生。

（2）传统的农业害虫治理方法　一种方法是使用鱼藤精。鱼藤精，又名鱼藤氰、鱼藤酮、毒鱼藤，是一种无色、无味的酮类结晶化合物。可从多种豆科及藤本植物（例如：鱼藤）的种子、茎部和根部提取，是一种天然的广谱杀虫剂。鱼藤精是鱼藤根中的主要有效杀虫成分，具有杀虫谱广、不污染环境和不易产生耐药性等特点。由于其杀虫能力强，崇义客家人将鱼藤的植株碾碎后加一定的水，用它进行对棉花、果树、蔬菜、烟草、桑、茶树等的害虫防治。鱼藤精对人畜也较安全，可防治家畜身上的寄生虱、扁虱、牛皮蛆和疥虫等。

另一种方法是使用茶枯粉（油茶枯饼）。茶枯粉是压榨野山茶油后留下的天然粉渣（茶粕），崇义称之为木油麸或木梓麸。茶枯粉内含皂素，对钉螺有一定的杀灭作用。以茶枯粉灭钉螺，具有灭效较好、安全性佳、价格便宜等特点，人们乐于使用，是当今较理想的植物灭螺药物，且经水解过的油茶枯饼仍含有丰富的蛋白质粗纤维，能被梯田里的水生动物当作饲料充分利用，是灭螺的较佳药物选择。还可将5千克茶枯粉碾成粉末，加水50千克浸泡24小时，过滤去渣加鲜牛尿4千克，混匀后使用可防治叶蝉、飞虱、蚜虫等害虫。

（二）
传统技术，遍及群山

1. 传统水稻栽培技术

　　崇义客家梯田形成初期主要用于种植旱作物，如粟、豆、麦、芋等，之后随着梯田的逐步完善和保水性能的提高，开始用于种植水稻。崇义传统水稻品种繁多，目前仍在种植的传统水稻品种有黑米、红米、大禾子等。崇义客家梯田种植的大禾子，《会昌县志》中称其"米粒莹洁，其粘似糯，性腻而滑，不可酿酒，独宜作糍饵，土人以槐花渍米蒸熟捣烂，作餐饼，岁相饷遗，名曰：'黄元'"，崇义客家人素有做黄元米果的习俗，这也是大禾子仍在种植的主要原因。以大禾子为例，其相关的主要栽培技术有稻种选择、播种和育秧、整地、扦插、田间管理、收割等。

大禾子

（1）稻种选择　每年水稻收割时，客家人都会直接到田里选取植株健壮、叶片没有病虫害、谷穗金黄饱满的稻穗作为下一年的种子。种子采集好后，在太阳底下晒干，用绳子绑好挂在干燥的高处以防止受潮。选出来的种子要经过晒种、浸种、催芽三个阶段的处理。晒种即让种子充分地在阳光下晾晒，利用太阳光中的紫外线杀菌除虫，除去种子中的二氧化碳和潮气，同时增强稻种的透气性和吸水力，促使酶活化，从而提高发芽率、增强发芽势头，达到出苗的整齐一致。浸种即用凉水浸种3～5天，使种子吸足水分，为下一步发芽做好准备。催芽是使水稻种子破胸露白，以便播种。

（2）播种和育秧　崇义客家梯田的稻民们一般在农历二月初一的惊蛰节开始播种，主要采用直播法，少数用铲秧。直播法就是将芽种直接播到大田上，将秧苗在大田上培育，最多只是将个别植株由稠密处移至稀疏处进行补苗。此法省工、省时。直播法是一种较为原始的稻作栽培技术，但它在水稻移栽技术出现之后，并没有彻底消失，而是顽强地保存了下来。

（3）整地　客家梯田的农户历来都采取精耕细作的整地原则：耕深15～18厘米，采用耕翻、旋耕、深松相结合的方法，二犁二耙，甚至三

牛耕

犁三耙，做到池内高低不过寸，肥水不会溢出，还要将田堪上的嫩草铲尽、把田里的杂草检净作为肥料，使用犁、耙等工具，借用牛力整地。下列农谚习俗生动地说明了这一原则："立冬前犁金，立冬后犁银，立春后犁铁""犁尖对牛头，犁田不用愁""耙田耙三遍，头遍耙骨，二遍耙肉，三遍耙皮""犁得深，耙得烂，一碗泥，一碗饭"，插秧"上季浅，下季深"。

（4）扦插　由于梯田的特殊面积和海拔环境，客家梯田的秧苗移栽主要采用人工扦插方式。移栽时采用人工摆插，插秧深度为2厘米左右，不宜过深，也不宜过浅：过深影响分蘖，过浅易产生漂或倒、倾苗。以前，插秧规格一般是株距、行距都为33厘米左右，莳高杆时株距、行距都有固定的距离，每穴插3～4棵基本苗，做到行直、穴匀、棵准、不漂苗，亩播约6 000株。

插秧

（5）田间管理　本地的农谚俗语里有"肥田不如先肥秧，十分谷子九分秧""秧田拔草（稗草），田里收宝""积水如积谷，修塘如修仓""稻草回了田，一年顶两年""种田两件宝，猪粪红花草"等内容，说明了田间管理的重要性。崇义客家人主要从以下几点着重进行田间管理：首先是浅水灌溉或间歇灌溉。水稻插秧后，由于根系吸收水肥的能力较弱，加之此时外界气温高、风大，叶片的蒸腾作用比较显著。因此，插秧后，应立即建立水层，一般灌苗高的1/2～2/3深的水，以不淹没秧心为好。这样不但可以防止叶片的蒸腾失水造成秧苗干枯，而且也可防止低温使秧苗受冻，起到以水护苗的作用。水稻返青后，将水放浅，保持3～5厘米的浅水，这样有利于提高水温、地温，特别是阴雨天气时，水浅温度可保持在15℃以上，出太阳后很快水温就会升高，这有利于秧苗根系的健壮生长，加快出根，也就能多发新根，使秧苗早分蘖、快分蘖。水稻返青后可采取间歇灌溉，即一次灌3～5厘米浅水，待自然落干、脚窝有水、田面无水时再灌一次水，如此循环。其次是晒田，一般在水稻分蘖盛期后到幼穗分化前进行排水晒田。再次是增温灌溉。由于白天灌水会降低稻田的水温、地温，影响水稻的生育，导致分蘖数不足、生育拖后，灌水应当在日落前1～2小时到日出后1～2小时之间进行。最后要经常检查加固田埂，防止漏水。

（6）收割　本地田块较为分散，多为梯田，难以将收割、脱粒同时进行。农人们一般先割下稻禾扎成把，放在田塍上晾晒一段时间，再在打谷桶（桶缸）里将之摔打脱粒。自20世纪60年代起，人们多用脚踩打谷机脱粒，以便随割随脱粒。

水稻收割与扎把

2. 其他作物的栽培技术

明朝末年到清朝中期的数百年间，崇义传统的主要经济作物是葛藤、苎麻；清末民初，人们衣物多用棉布，加之纺纱织布繁难，苎麻种植逐渐衰退。20世纪80—90年代，布鞋被塑料、皮革所取代，缝衣用机制线，苎麻已不多见。

葛布的原料是葛藤，剥取它的纤维织成布即成。崇义不少地方的山上都有野生的葛藤，也可在屋周开辟葛藤地，稍加培植即可满足供应。葛藤为蝶形花科木质藤本植物，淀粉含量非常丰富。葛根具有解热生津、开阳透疹的功能，是传统中药材。从葛根中提取的葛根黄酮，具有极高的经济价值。葛藤根系发达，主根深达2米左右，侧根在表层土壤内形成稠密的根网，茎蔓长达10余米，茎节触地生根，是著名的有水土保持能力的植物，且强大根系上的根瘤菌有固氮作用，能增加土壤中有机质和氮素的含量、改良土壤结构，同时也是优质绿肥。其适应性很强，耐寒、耐干旱瘠薄环境，在山坡、陡壁、岸边、荒谷以及石砾的河滩地和花岗岩山区都能生长。葛藤种子外皮坚硬，新鲜种子经碾磨后可用于播种。春播在4—5月，秋播在9—10月。播种时一般点播或条播，每穴下种4～5粒，覆土3～4厘米。春季时应将葛藤附近的土壤刨松整平，使茎蔓向四周均匀分布，并隔节埋土踏实。秋后或第二年春将枝蔓切断，使其独立生长一年，第三年即可移栽定植。分根时应于春秋两季选取1～2年生、粗壮并带有幼芽和侧根的老根茎，截20～30厘米长的段，挖穴埋植，3年后即可爬满山坡、覆盖地面。

夏布的原料是苎麻。俗说"一谷二麻"，苎麻曾经是农家与稻子同等重要的作物，家家必有苎麻地。暖水村下暖水和小姑坳、麻地垄、萍塘苎麻湾，和嘉村天子岗、麻地窝，穴庄村樟白山麻地垄，正源村大寮坑、长麻坑，上洞苎麻园等地成片种植苎麻（下暖水、萍塘、樟白山、上洞为村小组名；小姑坳、麻地垄、苎麻湾、天子岗、麻地窝、麻地垄、大寮坑、长麻坑、苎麻园等为当地地名）。苎麻既是深根型植物，又是多年生植物，再生能力也很强，一年三季，年复一年，当年栽种，当年受益。在雨季一般只进行中耕除草，不深翻地，在冬季实行深中耕，翻松土，同时将杂草，稿秆和落叶等一道埋入麻地行间，这样既解决了苎麻生长所需的有机肥料，又能使土壤疏松。苎麻不用深翻复种，一年栽种，多年受益，保持水土的效果最佳。

苎麻

清康熙年间开辟永兴圩以后，虽然有棉布引入崇义，但还是没有取代夏布的重要地位，苎麻的种植依然没有减少。到了清末民初，人们的衣物已多用棉布制成，加上纺纱织布繁难，苎麻种植才逐渐衰退，它的主要用途已不再是夏布的原料，而是作鞋和缝衣用的绳线。而20世纪80—90年代以来，布鞋也已被塑料、皮革鞋所取代，缝衣已用机制线，苎麻已不多见。

3. 梯田生态种养技术

森林、村庄、水系、梯田构成了崇义独特的"四度同构"的生态系统。崇义客家人在数百年里，经过长期实践，总结出高效、高产、合理的生态耕作模式，例如稻薯轮作、稻瓜轮作、稻烟轮作、稻药轮作、稻鱼共生、稻鸭共生等。

以稻田养鸭技术为例，崇义客家梯田的稻民们一般在5月上旬、日

稻田养鸭

平均气温稳定于15～16℃时进行播种，每平方米播种量控制在250～300克，6月上旬插秧，插秧后15～20天开始放鸭，即在水稻返青后小心地把鸭棚门打开，让鸭子自行觅食。鸭子食草性较杂，能吃掉稻田中的很多杂草，同时在稻丛间不断踩踏，起到中耕除草的作用，害虫也主要靠鸭捕食，这样可以有效控制稻田播种前期的杂草和水稻基部的虫害。到水稻孕穗末期时，及时收回鸭子即可。这种耕作模式可减少农药用量，减少杂草、害虫对水稻生育的危害，有利于生产无公害水稻，省时省工，又有利于水稻、鸭子双丰收。

崇义"稻鱼共生，合为一体"的稻田养鱼技术是一种合理利用农业土地资源、水资源、农业种质资源等生物资源和非生物资源的节约型农业生产模式，一般选择满足以下条件的稻田种养：保水力强，无污染，无浸水、不漏水，稻田土壤肥沃，呈弱碱性，有机质丰富，底栖生物群落丰富，水源、光照条件良好。田埂要加高加固，一般要高到40厘米以上，并被捶打结实以保证不塌不漏；早稻田鱼沟一般在秧苗返青时

稻田养鱼

开挖，宽30～60厘米，深30～60厘米，可开成1～2条纵沟，亦可开成"十"字形、"井"字形或"目"字形等不同形状。宽沟式稻田养鱼以沟代坑，同样以鱼坑的要求进行设计和施工，其面积可按稻田面积的8%～10%设计，沟宽1.5～2.5米，深1.5～2.5米，长度则按田块而定。其位置可横贯田中部，亦可沿田边而下。鱼苗一般在栽秧后7～15天放养，种类多为草鱼、鲤鱼、鲫鱼、泥鳅等，每亩200～300条，水稻收割前1周集中捕捞。养鱼稻田水深最好保持在7～16厘米，养鱼苗或当年鱼种水深保持在10厘米左右，到禾苗发蔸拔节以后水深应加到13～17厘米，养二龄鱼的水则应保持在15～20厘米。随着水稻生长、鱼体长大，应适当上升水位，一般控制稻田水深在10厘米以上。稻田养鱼可以有效除害虫、杂草，保持土壤肥力，并使田土疏松，促进肥料分解，进而提高水面利用率。其不仅节约成本，节省劳力，还增加了鱼产品，从而满足人民生活需要、改善本地居民的食物结构。

崇义客家梯田所采用的原生态的耕作技术、多样性栽培技术将用地、养地相结合，这种生物学措施能避免无机毒素的污染，可以进行始于"有机"、继于"有机"、终于"有机"的循环操作。

4. 梯田的修建与维护技术

崇义客家梯田始建于元朝，距今有800多年历史，尤其以上堡梯田最为典型，主要梯田群最高达62梯层，且大多数为只能种一两行禾的"带子丘"和"青蛙一跳三块田"的碎田块，甚为美丽壮观。史书中关于崇义梯田的记载，最早见于明代理学家、明都御史王守仁撰写的《立崇义县治疏》。文史里记载：从广东迁入的客家先民来到这荒山野岭，为了维持生计，便依山建房、开山凿田。坡度平缓处则开垦大田，坡陡狭窄处则开垦小田，甚至在沟边坎下石隙之中，无不奋力开凿。明代徐光启的《农政全书》对此也有所提及。此后客家梯田不断被开垦完善，到清康熙年间，朝廷实行了一系列的鼓励耕作的政策，其中一条是"奖励迁徙垦荒"，每开荒一亩地还给四至八两银子的补助款，因此有大量

梯田景观

的家族涌迁崇义，上堡的居民户数急骤增加，梯田面积也迅速增加。现阶段由于农村劳动力不足，很多梯田荒芜，梯田面积在逐年减少。

畲田是指崇义传统的刀耕火种，即农户在初春时期先将山间林木砍倒，然后待春雨来临的前一天晚上，放火将之烧光，使之化作肥料，第二天乘土热下种，之后不做任何田间管理，就等收获。畲田是一种很原始的山地利用方式，由于它顺坡而耕，又不修建田埂，每当大雨倾注，山水就顺坡而下，冲走大量田土，使得水土流失情况严重。

崇义客家梯田由畲田发展而来：为解决水土流失问题，客家农户对畲田进行了改造，挖高补低，将多余的田泥用于堆垒田埂；由于一些梯田地势高、用水不便，农户在梯田顶端修筑坡塘或保留原始森林，用来含蓄水源。在梯田的维护方面，客家人自古重视对梯田顶端森林的保护，在山林私有的时期就对山林进行了有效的管理。山主严格保护用材林，间伐残次林作薪柴，无山的人家须经山主同意方可入山砍柴。宗族众山、村落的水口山以及梯田的灌溉水源由宗族进行严格的管理。正源唐姓在康乾时期组织了"禁山会"，公举执事若干人专事巡山督查，防范滥砍、盗伐。禁山会向各户征集"头钱"购置田产，将田产放租以收取租谷，其租谷除完税所余即用作"禁山会"的各种开支。正是这种严格的保护，才使得梯田顶端的竹林成为一个大的"蓄水池"，保证了梯田水稻用水的充足。梯田修建好之后，田埂容易受暴雨径流冲击，加之冬冻春消、鼠害穿洞、人畜践踏等易造成坍塌、垮溜，仍要随时进行检查和修整。

梯田的形成与维护

客家梯田顶端坡塘和山顶森林

（三）
水土管理，延续千年

1. 土地资源的利用与管理

　　耕地和林地是崇义客家梯田主要的土地利用类型，林地以竹林和针阔叶混交林为主，耕地以水田为主。受海拔、光照、气温、降水等自然因素的影响，崇义客家梯田系统主要种植一季稻。为获得更多的经济收入、充分利用农田资源，客家人发展了多种多样的耕作模式。

崇义客家梯田山顶竹林（左）及针阔叶混交林（右）

沁园春·江西崇义客家梯田

丛延春

美景奇观，秀丽天梯，八百寿年。

望依山开建，连绵有序；顺坡始做，散烁无边。

横跨单床，落差千尺，一纵青蛙三块田。

随季变，赏林妆绿谷，稻染金滩。

客家不惧艰难。神牛舞勤劳敢胜天。

且田因水秀，丰登五谷；人因田实，力挺双肩。

竹掩乡居，香埋古寨，苗壮禾苗绿广寒。

梵音起，品甘醇猎酒，不羡神仙！

——摘自《重要农业文化遗产赋》

数百年来崇义客家梯田一般采用一年一熟的稻—闲耕作制，春节一过、惊蛰一到便开始一年的耕作，农谚有："微雨众卉新，一雷惊蛰始。田家几日闲？耕种从此起。"梯田受海拔、阳光、气候等因素影响，海拔越高，环境温度越低，水稻需要的生长时间越长，因此必须早种晚收，而且海拔越高、产量越低。一些高寒山区也曾尝试莳（移植）早稻，因违背了早稻种植规律，导致产量低而推广不成功。本地素有在水田埂边种植大豆等旱作物的习惯，不仅可以充分利用土地，而且有利于改善土壤肥力，促进水旱作物双丰收。总体上看，一季稻-冬闲模式占70%，水旱轮作占30%。

20世纪初崇义只有个别田块采用一年两熟的稻-稻-闲制，个别土质好的地区才实行少量的一年三熟的稻—稻—油菜（蚕豆）或稻—稻—肥（萝卜青）制。20世纪60年代，各地开始推广早稻，实行"早稻—二晚稻—绿肥、油菜"耕作制，一年可收获三次作物。据调查，崇义客家梯田区的水田耕作制度有稻—稻—肥（红花草）制、稻—稻—油（油菜）制、稻—稻—豆（蚕豆）制、稻—稻—闲、稻—闲、早大豆—晚稻秧田—晚稻制、早稻—红薯制等。

崇义旱作物种植种类多样，一般采用一年一熟制，或者是不同的旱作物轮作间作制。粮食作物有红薯、玉米、粟、高粱、麦、大豆等，主要以红薯间作玉米、高粱和大豆。经济作物有棉花、花生、甘蔗、油菜、瓜类、麻类、药材、晒烟、莲藕、荸荠、席草、蓖麻、向日葵等，主要以棉-闲制、棉-油制为主。蔬菜有白菜类、根菜类、茄果类、瓜菜类、甘蓝类、豆菜类、绿叶菜类、薯芋类、葱类、水生蔬菜类等。绿肥作物有肥田萝卜、红花草、细绿萍、水浮萍、金花菜、田青、猪屎豆等。传统经济作物主要有大豆、蔬菜、花生、甘薯、玉米、西瓜、茶叶等。以上作物中，大豆、花生、甘薯、玉米、西瓜等为一年一熟制，主要模式为甘薯套种大豆、花生套种玉米。

崇义客家梯田的主要耕作模式

耕地类型	耕作模式
水田	稻（大豆*）—紫云英、稻—油菜、稻—豌豆（蚕豆）、稻—蔬菜（白菜、包菜等）、稻—闲等。
旱地	红薯—蔬菜花生—蔬菜玉米—蔬菜仙草—蔬菜轮作

稻田埂边种植大豆

---

* 崇义素有在水田埂边种植大豆的习惯，俗称"田埂豆"，每年4月底开始育苗，5月中旬水稻插秧后，在田埂上每隔15～20厘米，挖一个长约13厘米、宽7厘米、深6厘米的洞穴，在洞穴的一角施入一大把农家肥，在田中取一把湿泥做底，将豆苗垂直栽入洞穴没有肥料的一角，每穴2～3株，于9月下旬至10月初，水稻收割前收获。

2. 水资源的利用与管理

　　崇义客家梯田的建造几乎完全顺应等高线，既减少了土方量，又防止了水土流失。梯田上都留有一定面积的植被，用以涵养水土，对雨水进行吸收和过滤。其成为了整个梯田生态系统不可或缺的一部分，是治理坡耕地水土流失的有效措施，蓄水、保土、增产三位一体，作用十分显著。梯田的通风透光条件好，有利于作物的生长和营养物质的积累。崇义自古就有"山有多高，水有多高，水有多高，田就有多高"的说法，山顶森林茂密、植被丰富、纳水条件好。当地人还在山顶种植具有非常好的蓄水能力的毛竹提高水源涵养能力，不仅预防了水土流失，同时还确保了梯田种植水稻的用水量。客家人以山坡上众多的渗水为灌溉源头，加以人工修筑的水渠将雨水与山泉水引入农田，采用自流漫灌的方式进行田间灌溉，对梯田水资源进行合理的调配。

　　旧时，人们为灌溉比水位高的田地，多用水车提水。水车主要利用水的冲击力运转，需架设在水流湍急的岸边。水激轮转，浸在水中的小筒装满了水带到高处，筒口向下时水即自筒中倾泻入轮旁的水槽而汇流

梯田自流漫灌式灌溉

崇义县麟潭乡高车村保留至今并仍在使用的水车

入田。如今上堡村莲塘湾、小车河头、玉庄村的河畔都装有水车，以便提水灌溉河畔的农田。至今麟潭乡仍有以物为名的村落——高车村。数百年来，水车为灌溉高于水流的农田发挥了作用。

五

客家风物，梯田
之上的百姓生活

江西崇义客家梯田系统

在历史的变迁中，勤劳朴实的崇义客家人，不仅传承了先祖勤劳克俭、尊老敬宗的精神和尊重自然、开垦梯田的智慧，亦吸收了本地畲、瑶等民族的优秀文化和民情风俗，在生活方式、节日风俗等诸多方面形成了独具特色、内容丰富的民间文化和艺术。另一方面，梯田还是客家人智慧和艺术灵感的来源，传统灯彩、山歌民谣、刺绣木雕以及饱含竹文化的各种竹制工艺品等客家人创作出的具体作品，无不围绕梯田而成，是崇义客家人生产生活的重要体现。

崇义民俗

（一）
因时而动，节庆中的民俗

1. 岁时节令

客家人的传统节日习俗在历次的传承和演变中，变得丰富多彩。崇义客家人历来按照节气来进行梯田耕作，基本每月都会有节日，传统节日过得有声有色。

对春节、元宵、中秋、端午等传统节日，崇义客家人都会按照传统习俗庆贺。对一些节令节日，客家人也会准备不同的食材或活动进行庆祝。其中最具特色的是立春。立春是春季的开始，客家人在这天均烧香鸣爆竹来迎接春天。特别是春耕时节临近时，崇义县会举办"舞春牛"的传统活动，以舞牛来祭天。这不仅展现了他们对牛的崇拜和感恩，同时也表达出他们企盼五谷丰登、六畜兴旺的美好心愿和祝福。

崇义春节盛况

崇义客家梯田

温家广

春播朗霁露晨曦，崇义梯田最美时。
岭拂熏风清肺腑，牛犁澍雨上天梯。
千畴鳞叠农耕苦，四季轮回景象奇。
梦想生花终破茧，客家遗产焕生机。
——摘自《重要农业文化遗产赋》

节日文化是客家的一大历史文化遗产，蕴含着丰富的文化内涵，是客家人情感、知识、智慧、伦理规范的凝聚。虽然每个节日都富含有传统文化，但其承载的核心理念和内在意蕴却各不相同，如春节的"年夜饭"主要突显合家团圆；"红包""拜年"等体现长幼互敬互爱的传统美德；清明的祭祀先人活动体现了对生命的歌颂。

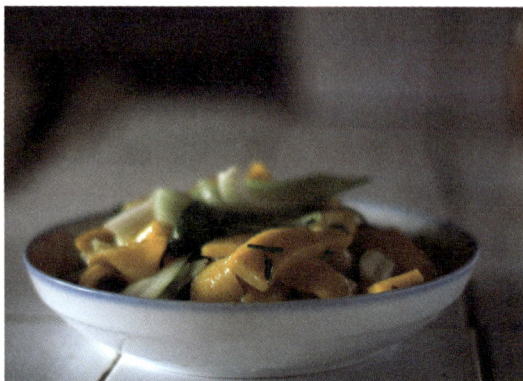

崇义人吃米果

　　崇义民间以端午、清明、七月半、中秋、冬至和春节为大节，因而较为隆重。尤其是清明和冬至的祭祀活动，有严格的仪程和规矩，分外庄重。

崇义岁时节令

节 日	时 间	简 介
春节	从腊月二十四日至次年正月初五日	"年货"包括腌制的猪、鸡、鸭、鹅等腊品，及各色果品、蒸酒、炸豆腐等。居民无论远近都回家过年，以求团圆。
正月半	正月十五	又叫上元节。当日有龙灯、舞狮子、武术表演、舞春牛等节目。人们或巡村串户，或在街上大闹年宵，直至深夜方罢。
立春	历代均以历书上所载时点为立春	时点一到，鸣放鞭炮迎春。上堡洞的唐姓居民会于此时舞春牛。
二月二	二月初二	又称鸟节。乡民们将米果粘在竹枝上，插到田头地角里以飨百鸟，以祈鸟儿不糟蹋作物。民谣说：二月二糊鹂鼻。
清明	古以寒食节后的第二天为清明，今由历书所定	清明是宗族祭祀祖宗的节日，旧时它是与端午、中秋、春节一样重要的节日，历来都受人们注重。
立夏	依历书所定日子为节日	正逢栽插时节，以蛋为食，故俗称吃蛋节。谚曰："过夏不吃蛋，上坎跌下坎。"
端午节	五月初五	此时气候变暖、瘟疫滋生，旧时人们于此时采艾叶、菖蒲、葛藤悬挂门上，故又叫蒲节。

续表

节日	时间	简介
六月六	农历六月初六	该时气候炎热。谚曰：六月六，下潭笃。人们以薯丸、芋丸为节食，因而也叫薯芋节。
七月半	农历七月十五日	又称中元节。人们在此时祭祀祖先，食馒米果。
中秋节	八月十五日	又叫团圆节。以月饼为节食。
重阳节	农历九月初九日	崇义无登高、采茱萸的习俗。以推浆米果为节食，常见的是"九重糕"。
十月朝	农历十月初一日	因是十月之始，故名十月朝。其时秋收结束，五谷登仓。以糯米糍为节食，也以此慰藉收割的辛劳。谚曰：十月朝，麻糍呵呵烧。这一节日还意味着耕牛罢耕，农谚曰：十月朝，放出牛牯满洞跑。
冬至	依历书所定日子为节日	天气已冷，农家宰杀牲禽腌制腊品。据传冬至以后的水能防腐，故宜用冬至水酿酒。

2. 生产习俗

　　除了按农时生产生活外，崇义客家人在日常劳动生产中形成了许多特有的习俗和规矩。其中以木棚俗和纸棚俗最具代表性。

生产习俗

类型	简介
牛俗	正月二十日被称为"天聋地哑"的日子，这一天大家牵牛拉着犁在田间走几圈，象征性地犁田，叫做起牛工，意为春耕即将开始。四月初八日是牛的生日，不役牛。
莳田俗	莳田时每晚吃泡水盐蛋。莳完田要办宴以酬辛苦，叫倒秧兜。20世纪60—70年代以前，人们会在秧根上沾牛骨粉后装在秧盆中，以免肥料散失，所以莳完田后的举宴又叫洗秧船。
秋收俗	秋收时先晾晒再打脱粒，收割完毕后要举宴加餐酬辛苦，叫做洗桶杠。稻谷要在竹垫笪（一种用粗竹篾编成的像席子的东西，晾晒粮食用）上翻晒二次，第一次晒干后用风车去除杂质，叫晾水；晾水谷继续凉晒并再次除杂质后即成燥谷。

续表

类型	简　介
木棚俗	进山伐竹木要办起工酒。材料集仓完毕要办齐仓酒。每逢初一、十五要办宴酬谢劳工，叫做打牙祭。走木棚有诸多规矩，如：每天出工前如有人说了犯忌的话则当天不出工；每天上午休息前不说话，有事只用哑语或打手势通意。
纸棚俗	砍笋时笋湖封面后要办封湖酒。进棚造纸要做进棚酒，土纸做完则做槽酒。纸棚还有一些其他的规矩，如纸出棚外卖前妇女不准入棚。在棚内禁说与"爆"同音的话，以避水纸上榨时爆裂。

纸棚俗

（1）木棚俗　旧时砍伐和肩运木材是最艰辛的工种，俗称"走木棚"，按"杠"计酬。走木棚最易搞坏身体，有谚"少年走木棚，临老挎竹筒（讨饭）"，故进山伐木材要办起工酒，材料集仓完毕要办齐仓酒。每逢初一、十五要办宴酬谢劳工，叫做打牙祭。能扛最重木头者叫"头扛"，次者叫"二扛"，扛木工一条短裤、一块肩垫、一根"师傅撑"（等肩高的直木，它从一肩上橇起另一肩上的重木减轻负重，同时起平衡作用，在歇肩时代替肩头支撑木头），力大者能扛一二百千克重的木头。走木棚有诸多规矩，首先要择吉日进棚，其次木棚里的行为举止和说话有不少的忌讳，例如每天出工前如有人说了犯忌的话则当天不出工，每天半午休息前不说话、有事只打哑语或打手势通意，忌讳说与"扛、武、得"同音的话等。"走木棚"的人平时说话怕得罪山神、触犯凶精，对一些动植物的名称和人的行为都使用"汀语"代替。

石壁—灰壁	石头—灰包	太阳—黄狗	木油—漫脑
盐—海沙	衣服—鹤子	草鞋—马牯	手—姜牙
脚—企柱	水—油	柴—瘦子	雨具—盖子
蛇—软藤或溜子	斧头—铁子	柴刀—毛片	菜—拉苴子

续表

撬棍—边棍	女人—长毛	绳、索、藤—纤丝	竹子—空心子
猪肉—孔头	眼睛—灯笼	耳朵—顺风	锄头—灰钩子
老鼠—尖嘴子	上街—摆闹子	喝茶—喝黄汤	吃饭—开窑子
多少斤—几多横	抽烟—舔黄叶、烧钩	天亮—天明	高—长
烧—舔	滑—移	下雨—下油子	砍—夭
割草—毛茬	扛或开步—开	打—量	睡觉—上寨子或拖条
洗澡—混龙子	不出工—撞棚	筷子—钎条	饭勺—满姨子

（2）纸棚俗　纸棚中还有另外一些规矩，比如破笋结束，棚主要做"封湖酒"以劳谢工人；师傅进棚做纸，东主要做"进棚酒"；纸没出棚外卖，妇女不准入棚；叫化子进棚，袋子只能挂在吊榨绳的钉子上，挂错了地方杠尾师傅可以用槽竹抽打他，可以把他逐出棚外。在座位顺序上也有规定：扛尾的坐台头，伙夫和搓笋师同坐一侧，扛头师和焙纸师同坐另一侧。在棚内禁说与"爆"同音的话以避水纸上榨时爆裂，违规的要罚吃槽水三勺。

3.　舞春牛

　　舞春牛在立春时节举办，是象征开启一年农耕活动的重要仪式。当春耕时节临近，"春牛"队伍便以家族队伍形式，走村串舍，举行"舞春牛"仪式，祭拜天地、自然神。人们在街心摆起长街宴，吃团结饭，喝同心酒，祈求天地赐福百姓。舞春牛反映了崇义客家人对牛的崇拜和感恩，同时表达出企盼五谷丰登和六畜兴旺的美好心愿。

　　"舞春牛"原名"春牛闹"，源于明末清初，上堡乡村民唐崇校首先将"春牛闹"从粤北传入上堡乡及周边地区。唐氏在传入"春牛闹"后，对原有的形式和内容根据崇义的风俗民情进行了修改和加工，并赋予其神奇的色彩。民间舞春牛，一庆国泰民安，二求风调雨顺，三盼升官发财，四为四季平安，五祈五谷丰登，六祝六畜兴旺。

春牛闹春1

春牛闹春2

舞春牛的主道具是"春牛"。表演时，人们用竹篾扎成牛头骨架，然后糊纸、绘形。牛身则外罩灰布或者被单，另取一根短弯木棍缠棕丝系于臀后作牛尾。春牛长八尺，合八个节气或八卦数，尾长一尺二寸，合十二个月和十二个时辰，高四尺，合四时数。逢阳年（单数年）牛开口，尾巴上举；逢阴年（双数年）牛合口，尾巴下垂。而牛尾，甲乙年为青色，丙丁年为红色，戊己年为黄色，庚辛年为白色，壬癸年为黑色。

春牛队由唢呐师、锣鼓手、琴师组成的鼓乐队为先导。随后是灯牌，也叫香亭，它的正面绘一"牛像"，后面嵌"春"字，两侧配吉语对联和四盏春灯，灯面饰以浮雕"龙凤呈祥"等图案和"五谷丰登""国泰民安"等吉联，灯内插蜡烛。接着就是牛队：两人饰牛，其中一人舞牛头，另一个扮牛身，依阴阳年分围裹相应颜色的外披。另设两个牧童，他俩穿白边开襟牧童衣，手执牛鞭，在舞蹈时不时规范牛的形态和指引"春牛"的走向。后面跟着渔、樵、耕、读等几种人物。渔、樵、耕各由一人装扮，读为两个学生一个老师装扮，和牧童一起代表农、林、牧、副、渔等各行各业兴旺发达。此后跟着舞春牛的乐队，音乐曲牌丰富多彩，内容形式多样。在乐队的后面是一些民间故事人物，如"刘海砍樵"中的刘大姐和樵夫、"白蛇传"中的白蛇和青蛇、"八仙过海"中的八仙等，另外还有两个丑角人物，手持扇子作为道具，表演各种绝技。这两人走在队伍的前面，以便挡住拥挤的人群，开辟道路，让舞春牛的队伍能够顺利通过街道。

春牛闹春3

"舞春牛"是崇义最具代表性和地域标志性的文化活动，是村、乡、县乃至市一级每逢有重大节庆时都会表演的节目。2007年9月，"上堡舞春牛"被列入江西省市级非物质文化遗产保护项目，2009年6月，"上堡舞春牛"又被列入江西省省级非物质文化遗产保护项目。

4. 告圣

按照崇义习俗，民间有天灾人祸，如久旱不雨、虫灾危害，则由权威士绅召集民众，为村坊民众举办避邪驱秽、消灾纳福的法事活动。

"告圣"是俗称"茅山道士"的民间法事活动，是"赎魂消灾"的一个片断。它以歌舞形式表现安坛启教、祭将搬兵等内容，以求扫除邪神恶鬼、消除灾难。舞蹈由一人表演，另四人各持一乐器并为其合唱，地点多在厅堂内，时间为夜晚。场中置一领草席，表演者男扮女装，右手拿师刀，左手拿锡角。每唱完一小段，随即摆姿势念一段道占，并吹锡角助威。舞蹈以扭摆见长，手舞足蹈，互相配合，进退转身动作细腻连贯而富于韵律。手的动作上不过眉、下不过膝，一套动作面向四方反复表演，但表演区限在一"席"之内，越席则谓之"超越仙界"。

告圣

"告圣"的唱词是整齐的七字句，唱腔亦是平衡对称的上下句，似吟似唱，不断反复，具有僧道诵经之感。伴奏乐器有小锣、绕钹、小鼓、锡角等，虽变化不多，但与唱词紧密相随，烘托了告圣祈祷的气氛，并在唱段衔接之间起着搭桥过渡的作用。

崇义县上堡乡民间道士李仲衡（1921年生）介绍，崇义道教流行甚广，最早由熊十四郎、熊十四娘兄妹传授，距今已有80余代，而他们所学则是由湖南汝城苦竹坳康明三郎所传，历经郭孔高、何开一郎、何开二郎、候五二郎、郭正德、王治强、邓维乾、李荣堂的历代传承，现今到他已是第十代。他多在江西省崇义县与湖南省交界等地活动，从20世纪50年代末至今则很少表演。

5. 牛葬

崇义客家人对牛有着真挚的崇拜和家人般的感情，对牛感恩戴德、呵护有加。农忙时节，牛除了食用传统的青草稻秆之外，人们常常要精心熬制稀饭为牛加餐。牛死后，也被视为家中尊者，除下牛鼻圈，洗净身躯，由壮汉抬上山冈安葬在它耕作了一辈子的梯田旁，并举办牛葬活动。

牛葬1

牛葬2

牛葬3

牛葬仪式过程

时间：黄昏时分

地点：江西崇义乐洞

人物：司仪、众小伙、众山妹

道具：纸扎牛、锡角、牛角、癸叶、青草

剧情：（空旷的山坪上，静卧着一只年迈无疾而终的耕牛）

（锣鼓声、唢呐声起）悠扬而略带苍凉悲壮的牛角声阵阵响起。牛号声中，一司仪（道士装饰）手舞足蹈上，围着牛尸跳一段舞后，取出锡角，急促吹鸣。锡角声中四小伙（民族装饰、赤裸上身，披蓑衣）手持牛角跳着原始部落般舞步上，口中发着嗬嗨声，随即六名山妹（素衣装饰）手持癸叶款款而上（碎步，如腾云驾雾），和四小伙交汇后伫立牛尸旁。

司仪：（拖长音调）耕牛君者，勤劳一生。无怨无悔，吉时升天，我辈感之勋功，礼送厚葬。

（唢呐长音）

（小伙子吹牛角，山妹手做话筒，前倾发出呼牛声）

司仪：（拖长声调）上香烛——

（两小伙齐吹牛角，两小伙点燃香烛，山妹手做话筒，身侧立，向四野做唤牛状，发唤牛声）

（唢呐长音）

山妹：老牛生在农家园，命运跌苦作耕田。

汗水落湿千座山，老蹄丈量万秋田。

司仪：（拖长音调）去牛鼻圈——

山妹：一只牛圈亮闪闪，拴苦老牛万千年。今布下了紧箍锁，脱离苦海乐连连。

（唢呐长音）

两小伙吹牛角，两小伙单脚跪取下牛鼻圈，放香烛旁，山妹齐声做唤牛状，发唤牛声。

司仪：（拖长音调）净牛身——

小伙齐吹牛角。山妹以癸叶为工具，手捧水漂，舞步绕圈，洒水为牛沐浴，神圣优美。

山妹：老坑溪水洗牛身，五根清净转后生。

从此不爱耕作苦，享尽人间齐天福。

司仪：（拖长音调）上贡品——

（唢呐长音两次）

（小伙齐吹牛角，山妹向牛尸敬献青草）

山妹：老牛生在农家园，牛农结伴丰收连。耕了几多段水地，割了几多担谷田。

司仪：（拖长音调）葬牛——

小伙齐吹牛角，山妹以青草覆盖牛身。

山妹：牛牯老叔听我哇，西去路旁满鲜花。滔池胜景福寿多，天堂有路上九天。

司仪：（拖长音调）牛君乘鹤西天去，脱离苦海成仙翁，享受荣华富贵，高寿千载万年。

（唢呐长音）

小伙齐吹牛角，山妹合掌闭目，念念有词，司仪的锡角声、锣鼓、唢呐声起，逾奏逾烈，最后戛然而止。

（二）

以食为天，餐桌上的文化

崇义客家人有着丰富多彩的饮食文化习俗，无论在取材还是烹饪技艺上都充满智慧，展示出对大自然的探索和对传统文化的传承。

崇义客家饮食

类目	内　　容
饮食	饮茶、酿酒、治席
食物	米饭、烫皮、散饭、黄元米果、番薯干（片）、番薯粉、蕨其粉
菜肴	醢豆腐、黄姜豆腐、酿品、魔芋膏、米粉肉、扣肉、蛋菌、蛋皮
糕点	月饼、糕饼、豆角酥、杨梅酥、兰花根、笑枣、云片、豆饼、炸豆子

客家连台宴

　　崇义传统筵席主要有膘子席、鱿鱼席、海参席三类，设筵用八仙方桌，依辈分排座次。当有贵客到来时，各家各户会把桌子抬到一块连起来吃饭，举办"客家连台宴"。这也是客家人待客的最高礼数，以示家族和谐团结、和衷共济。

1. 特色美食

　　崇义客家的特色美食种类繁多，其中九层皮、黄元米果等都是以传统作物黄壳糯、麻粘糯、大禾子、高粱糯、矮足大禾为食材进行制作的。

特色美食简介

名称	简　介	示例图片
竹筒饭	用席草、竹筒等做容器制作米饭。清香可口，不易馊，携带及在野外食用都很方便。	

名称	简　介	示例图片
九层皮	以崇义梯田米为主要原料，经磨浆、植物色素着色、层层累加蒸制而成。成品色泽鲜嫩，香韧可口，营养丰富。它主要有绿、红、黄、白四色，含"春夏秋冬"四季之义，分别代表环保希望、火红幸福、丰收喜庆、纯洁祥瑞。	
黄元米果	又称米糍，采用传统水稻品种大禾子为食材，经过繁杂的传统手工工艺制作而成，色泽分黄橙和乳白两种。吃起来爽滑清香、柔韧可口、不沾不腻，而且久煮不糊。	
黄姜豆腐	采用古老的传统手工技艺制成，工序繁杂。色金黄、质细嫩，蛋白质含量较高，为纯绿色食品，不含任何化学色素。既美味又有补血、清热消毒、防治咳嗽的功效。	
艾米果	将艾草和糯米粉搅拌均匀，通过蒸或油炸而成。成品表皮光滑、色泽翠绿、清香扑鼻，质柔有韧性，食之不腻。不仅风味独特，且能温肺暖脾、散寒除湿，有防病保健之功效。	

九层皮做法

九层皮，是梯田米添加天然色素后一层层蒸制而成的米糕，依次为白色1层、绿色2层、黄色2层、白色2层、红色2层，故有此名。

九层皮的制作步骤：

1. 需用工具为家用料理机或者石磨、实心圆形竹匾、豆腐布、蒸架等。原料为大米、韭菜、干栀子果、红曲、食盐等。大米淘洗干净后，加入水至没过米1厘米左右为宜，浸泡12小时。

2. 大米分出约1/4的量备用，其余的加入切碎的韭菜，用料理机磨成绿色米浆。

3. 剩下的大米继续磨成米浆，分成三份，约为2：2：3的比例。

4. 干栀子果用开水冲泡，过滤出果渣，剩下黄色的染色汁；红曲加入少量凉水，搅拌均匀，变成红色的染色汁。

5. 将染色汁分别加入稍少的米浆中，搅拌均匀，成为黄色米浆和红色米浆。

6. 在4种颜色的米浆中分别加入0.5茶匙食盐，搅拌均匀。

7. 锅中加入水烧开，竹匾铺上豆腐布，置于蒸架上。

8. 用勺子将一层米浆在蒸盘上薄薄铺开，用勺背抹匀，厚度为2～3毫米，盖上锅盖用大火蒸，以米浆凝固为准；一层蒸熟后再抹上一层，反复九次。颜色顺序为白色1层，绿色2层，黄色2层，白色2层，红色2层。

9. 9层都蒸熟之后关火凉置至糕品不烫手为宜，将竹匾倒扣在干净案板上，让竹匾和九层皮慢慢分离，揭开豆腐布。

10. 将九层皮切成小块，每切一次用刀沾一下白开水，防止黏连。

打黄元米果

"不打黄元米果不过年"，黄元米果（又叫黄年米果）是赣南客家人过年必备的年货，打黄元米果是赣南客家的一项重要民俗活动，以显示当年丰收后的喜悦和生活的幸福，营造出和睦共处、团结协作的氛围。入冬以后，人们用一种赣南山区生长的名叫"黄年柴"的常绿植物，加上少量的桐子壳、杉树叶、檫柴树等树的枝叶烧成灰，泡水，过滤成强咸灰水；然后将大禾米（粳米）浸泡、滤水，蒸至饭粒松散为度，待饭粒稍凉后拌以灰水和槐花水至染成金黄色，再蒸透，置入石臼。由数人用木棒围着石臼转圈并将饭粒捣烂，就是传统的打米果，也是黄元米果制作过程中最精彩的部分。一般会组织几名男子聚集在曾家宗祠前，腰扎红布，手持黄年树棍，围着外方内圆的石臼，轮番打黄米果。他们"嗨哟嗨哟"，边打边喊，十分热闹。一臼米果打好了，出臼了，人们便用手揉搓均匀，做成各种形状的黄元米果。

打黄元米果1   打黄元米果2

黄姜豆腐制作工艺

崇义"黄姜豆腐制作工艺"是流传于江西省崇义县思顺乡境内的一种传统手工技艺，由思顺乡李姓家族祖传留下，现已被列入江西省非物质文化遗产名录。它以崇义产优质黄豆为主要原料，经清洗、去壳、浸泡、磨浆、去渣、烧制豆浆、熬酸姜水等流程后，加开水连续浇开三次，边烧边游。之后用酸姜水替代传统石膏点入，将形成的豆腐脑用勺舀出，用小方布块代替模具将之单独包成的一个个小四方形豆腐，经紧压后再一块块拆开，然后用被誉为姜中上品、"药中黄金"的黄姜熬水下锅煮十分钟后制成。

黄姜豆腐制作工艺

艾米果的制作

　　艾米果，是崇义县的一种常见小吃。在清明时节，人们会到长满野艾的田野里，采摘野艾叶。艾叶用清水洗净后，放入大锅中以热水煮上20分钟，其间加一点苏打粉一起同煮，这样可以使艾草容易煮烂。艾叶草煮好后，将之捞起，把水滴干，揉搓去苦味，然后把糯米粉放入大盆，按一比一的比例，加入处理过的艾草，一起搓揉，使艾草和糯米粉搅拌均匀。因为艾草中带有水分，水不可一次加太多，要慢慢加入，揉好的面应该不干不湿。揉得艾叶与糯米粉完全融合了，就可以用手使劲让之充分糅合，先把大团分成许多小团，再把小团揉圆、压扁，然后分成小坯，做成一个个圆饼。艾米果分有馅和无馅的两种，馅料是先炒好的腌菜、酸菜或用鲜肉或腊肉、笋、大蒜等配料制作的，也可以用花生、芝麻再加入适量的猪油和白糖制作。加好馅料后把口子捏紧，捏上花边，放进蒸锅里蒸上半小时即可。也可以用油炸，油炸时，油烧开后放入艾米果炸6、7分钟成黑绿色即可。在炸好第一锅时，要取出3个艾米果装入碗内敬灶神。这种小吃已有上千年的历史，深受人们喜爱。吃起来，一股浓浓的清香扑鼻而来，口感滑嫩不腻、软中兼韧，味道甚佳。此品不仅风味独特，且能温肺暖脾、散寒除湿，有防病保健之效。

艾米果制作工艺

此外，崇义独特美食还包括以下几种：

（1）散饭　将泡浸的糯米蒸透，饭粒里可加香料、色素等，搅匀铺满竹片圈，使饭粒在竹片圈里反复旋转至均匀粘合成圆饼状，晾干即可。干品油炸后松散酥脆，故名"散饭"。若用酒沌了吃，酒味又醇又香。

（2）番薯片、番薯干　将番薯切成厚片，沸水煮熟，捞起，晒干，再蒸，再晒，反复几次，即成番薯干，该品柔软、甜韧。也可以在罐子里一层番薯干一层酒糟地铺好的方式制作，其味会更香醇；若将番薯切成薄片，沸水煮熟，晒干，即成番薯片。

（3）番薯粉　旧时，人们将番薯在齿缸里搓擦成粉浆，现在多用粉碎机将番薯打成粉浆，然后在大桶缸上面悬吊一个布袋，用水冲洗布袋里装的粉浆以取其淀粉。待淀粉在桶缸里沉淀后去水、晒透即可。

（4）蕨萁粉　采集蕨的老根洗净，在石碓里捣烂或用木棒槌烂，在水中搓揉取其淀粉，晒干即可。此品柔韧、香酥可口，煮、蒸、炒皆宜。

（5）酶豆腐　将水豆腐切成小方团发酵至外皮出现红菌丝时，拌以食盐或辣椒粉或香料粉或红曲，装罐密封，二十天左右可开启食用。在密封前洒入白酒或酒酿糟可长时间储存，且其味越久越香。

（6）**魔芋膏**　将魔芋的块根去皮，用齿刷刷成浆状，拌以适量的碱水（如石灰水）使其钙化并凝结成块。其色淡褐，状似豆腐，脆韧爽口。炒、汆、凉拌均可。

（7）**米粉肉**　将猪肉（五花肉为佳）切成二寸长的薄片块，粘上米粉后一层一层隔水蒸透或在铁锅里炆火烙熟即可。该肉松软润香，油而不腻。

（8）**扣肉**　将猪肉煮熟、捞起，用酱油染色炸至猪皮起皱，然后切片。将猪皮贴着碗底片片排列，覆盖上菜干，上笼蒸透。食用时将碗倒扣在盘中，则肉块已在菜干之上，即为扣肉。

（9）**蛋菌**　将鸡蛋液掺冷水，搅匀（一般8个蛋掺0.25千克水）灌入猪小肠，扎紧两端用温水微火煮熟，再入冷水冷却，切成小段待用。食用时投入鲜汤中煮沸，蛋液膨胀、肠衣收缩而成两朵连体半圆的"菇菌"，故称蛋菌。起锅后加盐、味精、葱花、姜末等佐料，再浇以熟油即可。该品蛋嫩汤鲜。

（10）**蛋皮**　将鸡蛋液加上适量的水薯粉放入铁锅里加油，文火煎成薄片，再切成丝，佐以香料即可。

（11）**月饼**　将糖与面粉拌匀捏成圆坯，包入芝麻、花生仁、猪油及其他馅料，用圆印模压印出字样或花纹，烘烤至熟即可。依馅不同而分为五仁饼、芝麻饼、肉饼等。

（12）**糕饼**　用糯米粉拌适量的糖和少许油揉匀，在长铁框中蒸熟即可。切成薄片的叫川桃糕，切成灯芯丝状的叫灯芯糕。此品洁白、松软、香甜，多为小孩食用。

（13）**豆角酥**　用温水和面粉擀成面皮子，切成小菱形，油炸至呈黄色时即可。

（14）**杨梅酥**　将糯米粉与饴糖拌和揉匀，捏成小圆团油炸，起锅后拌上红糖（拌以染红的白糖也可）即成。

（15）**兰花根**　将糯米粉拌盐和香料（拌饴糖也可）擀成面皮，切成寸许长的小条油炸即成。

（16）**笑枣**　将等量的面粉和饴糖和匀，切成枣子大小的团块搓揉成小圆团，滚粘芝麻后油炸，待面团中心裂开像人裂嘴而笑即可，故名笑枣。该品酥松、香甜。

手工榨油技艺

　　在赣南崇义客家地区，山茶油栽培和压榨已有2 300多年历史，手工榨油就是客家人创造的一项手工技艺。他们每年冬天从山上采回的油茶果，经干燥、摊晒后，绿色的外壳自然裂开。人们把外壳剥掉，然后对里面黑色的油茶籽进行暴晒或烘干。随后把油茶籽煮熟，蒸干，做成坯饼。最后，把压实的坯饼装入榨槽，用撞槌反复撞击榨槽，通过挤压榨出油。

　　从山茶油果到山茶油，必须经过的摊晒、剥壳、碾碎、压榨等工序，都是全手工操作。这种传统的生产方法，生态环保，没有工业原料的污染，榨出来的油原树汁原味、香醇清亮，油香沁人心脾。现在，许多村子里仍旧保存有较为完好的旧式油槽。尽管这种传统的手工榨油方式正在慢慢消失，渐渐被机器所取代，但它的文化价值却是需要永久保存的。

　　手工榨油现已被列入江西省非物质文化遗产名录。

　　打油师傅俗称"打油佬"，一般3~5人一组，既要有娴熟的技术，还要有过人的体力。

手工榨油工艺

2. 饮品佳酿

崇义素有"头酒二菜三茶饭"之说，盛行着独特的客家酒俗文化。酒是崇义日常生活中常用的饮品，也是乡间待客、议事、举丧、喜庆的必备品。崇义本地多酿糯米酒，又称水酒。酿米酒是家庭主妇必须掌握的技术，即通过浸泡、蒸饭、淋饭、落缸搭窝等酿制工艺，制作出香甜醇美的米酒。

米酒酿制技艺

米酒几千年来一直受到客家人的青睐。其是主要以大米、糯米为原料，加酒母边糖化边发酵的一种发酵酒，含酒精量多在10%～20%之间，属低度酒。它香味浓郁、酒味甘醇、风味独特、营养丰富。米酒保留了发酵过程中产生的葡萄糖、糊精、甘油、醋酸、矿物质及少量醛、脂，营养物质多以低分子糖类和肽、氨基酸浸出物的状态存在，容易被人体消化吸收，被称为"液体蛋糕"。采用独特的传统酿造工艺和传统的发酵制作方法酿制出的糯米酒，酒体色泽微黄、晶亮透明、芳香浓郁、甜酸适度，不含任何色素、香料及添加剂，具补养气血、助消化、健脾、益胃、舒筋活血、祛风除湿等功能，还是烹饪中的调味佳品。

米酒酿制技艺

另外，客家人自古就有饮茶的习惯，日常生活中茶是必备的饮品，主要有红茶、青茶、绿茶，还有解暑的勾藤茶、石壁茶、午时茶、苦茶。茶也是客家人待客交际的重要饮品，"客来茶当酒""客来先敬一杯茶"是崇义约定俗成的规矩。

（三）
歌甜手巧，山水间的艺术

1. 山歌民谣

崇义的山歌民谣艺术风格独特，语言通俗易懂，具有鲜明的主题和地方特色，客家人用它来歌唱劳动生活、表达内心情感。其中，竹洞畲

竹洞畲族山歌表演

族山歌是盛行在崇义县聂都乡竹洞畲族村的民间歌谣，是人们在生产、生活中为抒发感情而传唱的歌谣。它以独唱或对唱形式出现，内容以表现劳动与爱情生活为主。一般用客家话兼粤语唱，基本是四句七字体，第一、二句押韵，三、四句相对随意；多用口口相传的传统曲调，唱时往往即兴即情、脱口而出、情缠意绵；唱腔丰富多彩，节奏自由又富于变化。千百年来，竹洞人用它来交流感情、联络友谊、娱乐身心。它已被列入江西省非物质文化遗产名录。

崇义山歌与其他客家山歌在内容和形式以及表达方式上都大同小异。下列歌词选自本地民间歌手所唱的山歌，反映了人们的生活和心声。

崇义山歌民谣

（1）唱劳动辛苦

耕田佬子（老表）好可怜，天晴落水不得闲，
蓑衣着得烂了边，笠嬷（斗笠）戴的冇哩弦（缺了圈）。
耕田老妹好可怜，身上汗水有断线，
腰子弯得牛轭样，好像苦瓜炒黄莲。

（2）唱男女恋情

阿哥莳田（插秧）妹莳田，好像哥妹两拜年，
仰头看眼老妹子，乐得阿哥打脚偏（站不稳）。
门口一丘大丘嫲（大稻田），哥边犁来妹边耙，
哥边耙来妹边莳，哥边莳来妹送茶。

（3）唱劝人改过

打过斧头换过脑，改过脾气学过好，上屋有赌我不赌，下屋有嫖我不嫖。

打雷落水闪电光，鲢鱼游到草鱼塘，鲢子不吃草鱼屎，妹子不嫁花心郎。

（4）牛歌

扶牛头，过了新年不用愁；

扶牛角，过了新年听我捉（说）；

扶牛腰，过坑过圳小心跳；

扶牛肚，过了新年生牛牯（牛崽）；

扶牛脚，过了新年有吃又有着（穿）。

（5）老春牛歌

过了新年又新年，牵条牛牯去拜年，

拜了哥哥拜嫂嫂，拜了嫂嫂就团圆。

放牛细仔（小孩）两同年，问你南山几丘田？

几丘田来几个缺？几丘糯来几丘粘？

放牛细仔两同年，我话南山九丘田，

九丘田来九个缺，四丘糯来五丘粘。

放牛细仔好古怪，你的春牛怎嗯卖（为什么不卖）？

猫公下河去打獭，狐狸打倒暗山雁。

牛牯哞哞叫连天，来拜乡亲众神仙，

拜了上辈拜下辈，拜了乡亲就团圆。

钓钩下水水花花，钓了虾公钓鲤嫲（大鲤鱼），

几壶浓酒话太平，一桌鱼肉乐农家。

上哩（了）山顶又进窝，挑担柴火哟喂哟，

一卖卖得二吊五，扯块花布逗老婆。

花衫花裤花袜子，花头花脚花脚趾，

花心花肺花肠子，嗯摸嗯勒（不摸不抱）暖心窝。

犁耙铲轴耕田哥，汗水要比河水多，

五寸土皮年年翻，又种麻豆又莳禾。

之乎者也好文章，子云诗曰肚里装，

天下万物皆下品，红袍纱帽状元郎。

莫话额头打折皱纹多，当得十八娇娇后生哥，

崽孙重重福气好，哪个敢比我老茶婆！

白皮肉我十八娇，荷花脸面柳条腰，

蝴蝶黄蜂群打群，气死樵哥耕田老。

（6）新春牛嫩歌

钓钩下水凉习习，钓了青蛙钓红鲤，老茶婆喂老茶婆，我背竹篓来钓你。

清闲耍乐老东西，神仙日子碰着你，天下太平人安乐，钓了寿年钓福气。

打个喂哆（唱个小调）过山冈，担子悠悠荡呀荡，松杉竹木摇钱树，樵哥日子蜜糖样。

科技种田天地广，一年收了二年粮，鸡鸭鹅兔猪牛羊，五谷六畜都兴旺。

如今读书用电脑，学习科技最重要，少年细仔栋梁材，科学文化是金桥。

妖娆妹子十七八，不爱胭脂不爱花，不做娇娇绣楼女，要和阿哥搞四化。

老茶婆喂老茶婆，脸皮打折皱纹多，六七十岁正当时，当得年轻后生哥。

春牛歌子脆滴滴，清早唱到天墨黑，日头落山有月光，唱得牛牯不想歇。

2. 民间传说

本地的民间传说，质朴纯真，富有浓郁的乡土气息，在讲述上多运用方言土语，极富韵味地叙述人物、刻画景物、解释风俗，形象而生动。如《上堡梯田的传说》《空州变丰州》等都是与客家梯田相关的民间传说，传奇而又朴实地解释了梯田的来源等。

上堡梯田的传说

不知何年何月，有天傍晚有两个疯癫客人路过南安府西北的一个秋茅棚野店。店里有一个妇人专给过往客人提供喝水、吃饭、住宿之便。这两个疯癫客，先喝了一百碗茶，将碗叠在一起；又吃了一百碗饭，也将碗叠在一起。再回看那妇人，妇人不嫌他俩喝多了吃多了，还是笑嘻嘻的。疯癫客很感激，问店妇："这个地方叫什么？"店妇长叹说："叫上堡，是石山荒岭无田无土的穷地方。"疯客把茶碗、饭碗拢在一起，捂着肚子说："不妨，一层山一层田，吃得上堡人成神仙。"店妇知道这两人有些来历，忙又说："光有山有田，没有水也活不了命呀！"那个癫客试探着问："要有一碗酒糟就好了。"店妇果然端出一碗满满的甜酒糟来。癫客提起水壶就往酒糟上筛，一边筛一边念："上堡、上堡，高山崠（dōng）上水淼淼。"

第二天店妇请疯癫客起床，两名客人却不见了踪影。店妇走出门外一看，荒山秃岭、山坑旮旯都流水满注，远远近近的山坡上全是一层一叠的水田，像上楼的梯子一样，以后人们就叫它"梯田"。

有水的地方就有田，上堡人历朝历代不断地开垦，高山大脉、山坑角落都成了一叠一叠的梯田，人们也编了歌谣来怀念那两位疯癫客人："上堡真奇妙，高山顶上水淼淼，癫客送水造梯田，有醉又有饱。"

崇义客家梯田系统

朱志华

天下奇观上堡田，
层层盘绕入山巅。
客家猎酒香飘处，
酿就乡情再谢仙。

——摘自《重要农业文化遗产赋》

空州变丰州

据说在很久以前，崇义的丰州原名叫空州，原因是这个村庄被九十九座山峰团团围住，日出照不到底，下雨水汪汪。土壤贫瘠，庄稼年年歉收，老百姓的家里，长年累月，空空如也，所以叫空州。

住在这里的人们都怨恨这九十九座山，期望有朝一日将它们夷为平地。传说中有一天，有一块黄绫从天空飘落村头，上面写道："玉帝有旨：今晚在此建府都，临暮就寝莫违误。"人们听说玉皇大帝要在自己村上建造府都，皆大欢喜，个个按照玉帝意旨，草草吃罢晚饭，临暮就寝去做各自的美梦了。且说东面山顶有一只金鸡，千百年来，它独霸山头，居高临下，眼观四方，悠闲自得，无限惬意。金鸡眼看这九十九座山将被夷为平地，自己的天堂美景将要失去，很是气恼，于是暗观动静，决定与天神来一番较量。夜幕降临，一道白光闪现，果有九十九只仙鹤从天外飞来，它们是奉玉帝之命前来平地建殿的。每一个仙鹤都飞到一个山头，展开自己的翅膀，每拍击一下山峰，山崩树折，山峰就矮一截。狡猾的金鸡慌了手脚，没到破晓的时辰，便喔、喔、喔地鸣叫。仙鹤们以为天亮了，就速速返回天庭。第二天清晨，人们以为可以看到富丽堂皇的府都，走出一看却惊呆了：原有的自然环境被破坏了，庄稼地也被破坏了，呈现一片山崩水浊的荒凉景色。玉帝以为官已造成，派二龙神前来视察，二龙神来到空州，看到如此衰败的景象，气得龙嘴大张再也没有离去。后来它的龙身变成一座山，龙口变成一个岩洞。仙鹤返回天庭禀报玉帝此事，玉帝大怒便派雷神惩罚金鸡。随着一阵雷声，金鸡的头不见了，变成一只无头鸡并慢慢地化成一座石山，后人取名为"金鸡岭"。

人们庆幸金鸡得了应得的报应，却再也没有指望天官赐福，而是抡起锄头、拿起镰刀，清除杂草朽木，排走污泥浊水，修整荒山，种上果树，平整耕地，载下禾苗。一天天，一年年，披星戴月，顶风冒雪，汗水浸肥了贫瘠的土地，山上果实累累，田间谷粒闪光，空州不再是空空如也了。从此，空州便改名丰州。

3. 手工艺品

崇义客家女人善刺绣，男人善竹编，男编女织都很有特色。

刺绣

竹制乐器

崇义女子从小就开始学女红、砍苎麻、剥苎麻、搓绳缉线。她们十五六岁时就学刺绣，用无色丝线给衣襟、围身襟、鞋面、鞋垫、裤带和婴帽等绣上各式各样的团花以寄托祝福。铜钱花象征发财，万字花象征长寿，各式花朵象征蓬勃向上。

除了女子善于工艺，崇义还有篾匠、木匠、石匠等能工巧匠。其中篾匠能编制农家使用的各式各样的器物，如笸篮、米筛、糠筛、粉筛、

篾编

谷箩、垫笪等，还能制作花轿。他们能将篾剖解出不同的本色，或给篾染色，再将其搭配编制成格式花纹和"福、禄、寿"等字样。木匠能在器物上浮雕图案，如在拐杖上雕刻出龙、凤、麒麟、狮子、大象和百寿老人持杖图。石匠能打制石狮、麒麟、大象、坟石、门墩、石臼、石磨、麻石条等。他们刻画的动物、人物形象而逼真。

　　此外，灯彩也是崇义极具特色的手工艺术，崇义县民间流行的灯彩有龙灯、鲤鱼灯、香火龙、猪婆龙、鹅公龙、狮子灯、麒麟灯、马子灯、牛牯灯、猴灯等。龙灯分为三节龙、五节龙、七节龙、九节龙、紫龙、蛇龙等。"三节龙"与龙灯的制作技艺，已被列入江西省非物质文化遗产名录。

三节龙

　　"三节龙"是自清光绪年间便盛行在崇义县关田镇田心村的一种民间灯彩，至今已有一百多年的历史。

　　表演时，三个舞龙者站在仅有0.64平方米的八仙桌上，伴随着音乐和鼓点的节奏，三人轻捷自如地舞动龙身腾挪跳跃，舞鼓节奏兴奋急促，曲调起伏变化无穷。崇义农民把这种三节龙称为"泥鳅沾灰"，形容三节龙舞动起来犹如肥短的泥鳅沾了香灰一般活蹦乱跳。每逢新春佳节，"三节龙"便隆重出门登台。一年之计在于春，"三节龙"寄托了客家人对新年的殷殷期盼。

三节龙表演

龙灯制作技艺

龙灯的制作是整个舞龙活动的重要环节，龙灯一般分为龙头灯、龙身节灯、龙尾灯、龙皮及珠灯五个部分。龙身一般都由单数节组成，分大龙（13节以上）、中龙（7~9节）、和小龙（3节）等。崇义县杨眉镇杨眉寺村王孝亮的龙灯，以其工艺奇特、造型生动而著称。

龙灯制作技艺

4. 服饰文化

　　服饰需要与地理环境相适应，不同的地理环境孕育出不同的服饰特色。客家传统服饰是农耕时期客家人在农业生活中创造的典型的文化符号，其特色自然与该地的农业地理环境密切相关。

　　由于长期劳作在山地环境之中，崇义客家人的服饰既保留着先民衣饰的传统，又受到畲、瑶等民族文化的影响，得到了改革和创新。朴素、方便、实用是崇义客家衣着的特性，色泽以蓝、黑、灰、白居多。

　　崇义山地较多，客家人比较集中。交通不便和耕地贫瘠，使得客家人的生存资源相对贫乏，于是客家人在服饰生活上"多从质素"。赣南地区有"春早夏长、秋促冬短"的特点，春季阴雨连绵、湿气重，夏季涝旱常有、酷热时短，秋季气和风爽、有短时燥热，冬季冷少雨雪、偶有湿寒。这使得客家服装品类以春冬、夏秋两类为主。春冬一季男子主要穿着长袍、马褂、袷（qiā）、褂、马甲、裘、大裆裤、裤腿裤，女子主要穿着袄、大裆裤、裤腿裤；夏秋季男子主要穿着短衫、水裤，女子主要穿着衫、挂、裙、裤、肚兜、云肩。

竹洞畲族传统服饰

客家传统服饰还特别注重"自然美"。崇义盛产的苎麻、葛、棉、草、竹等，都是赣南客家传统服饰的重要原材料。此外，物产中的一些植物、花卉，如竹叶花、山茶花、竹叶等，也以图案的形式进入了客家服饰；还有一些植物、矿物质染料被应用于客家服饰，如蓝靛被大量应用于客家女性服饰之上，使得人们对客家传统服饰形成了一种蓝色印象，甚至有学者将客家人称为"蓝衫客"。

崇义除客家人外还有一些土著少数民族，如畲族、瑶族。历史上，客家人先民迁移至此，与本土的畲族、瑶族居民长期共同生活，并吸收了他们优秀的文化内容和民俗习惯，形成了一种特有的客畲文化。例如《崇义县志》载："輋人附寄，刀耕火种，猎射为食；柔顺者稍向化。"畲客混居，在日常生活方式上相互学习，对彼此的影响很深。其中，客家服饰上的符号纹样就有很多取法于畲族服饰。崇义一些客畲文化保存比较好的村落，仍然有象征着他们文化图腾的凤凰装、围裙、脚龙套等传统服饰。

崇义客家服饰是基于农耕时期自然地理环境，在多种地理文化类型的共同孕育下，多次与地理环境磨合而形成的符合"人地"和谐、统一的地域性的农耕服饰文化景观。首先，它是识别客家族群最为直观的形式之一，具有被观赏和体验的价值，能带动旅游产业的发展，并创造更多商机，促进地方经济与文化的双赢。其次，在被观赏和体验的过程中，它又具有传播文化的作用。作为客家历史文化的缩影，客家传统服饰在观赏和体验中能够得到不断的传承，也有利于更多人清晰、整体地理解其文化特色，促进他们认知客家民系与中原汉族及不同族群间的文化关联，进而促成族群间的认同融合，使文化朝着多元与一体的方向和谐发展。总之，这些都能在不同层面为新农村建设带来帮助。

明清时期，客家乡民不论男女都多穿蓝、白土布缝制的右衽斜开的长衫或中开襟的短衣，用布纽或圆铜纽作扣，穿蓝黑色宽腰的直筒长裤。劳作的人上衣遮臀，文人、闲士和小孩衣长齐脚。清末，贫苦男人多穿大襟衫，富人穿长袍马褂。女衣为大襟衫，衣长过膝，袖短且宽，有时在开襟处和衣脚饰以花边；人们还模仿汉朝的"犊鼻裤"制作"围身裙"用以蔽胸腹，沿袭江淮一带的习俗，内衣多为"背褡"。男女裤子都是宽可三折叠裤头的便裤，用布条或带子捆扎在腰间，俗称兜脑裤。热天，男人多赤膊或穿无袖背褡；冷天，男人戴帽，女人用皱纱布条围裹额头，小孩则戴长尾的花帽或狗头帽。民国初年的服饰沿清。民国二十年（1931年）以后，男公务员穿中山装，学生穿学生装或童子军军服，女装沿旧。先时乡民衣裤以家织夏布为主，后来渐有白棉布、自染棉布、纽青、毛翠、苏蓝等，还有外洋的白洋布、蓝洋布、青洋布、士林蓝布、白竹布、蓝竹布、白府绸、蓝府绸、青府绸等。当时洋布"金贵"，人们往往穿了上街或作客以显时髦，平日则藏在箱里轻易不穿。

客家常服

　　客家男式的常服，上衣是对襟、浅领、窄口长袖的对襟衫，裳裤是不开裆口、裤腰头打褶的大裆长裤和内短裤（又称牛头裤）。客家女子外穿的常服是右衽的大襟衫，内穿贴身的常衣是对襟长袖、无领的衬衣。下装是大裆裤（打褶裤）和抽头裤（裤头上褶边，包着裤头带，穿用时将裤带抽紧打结）。

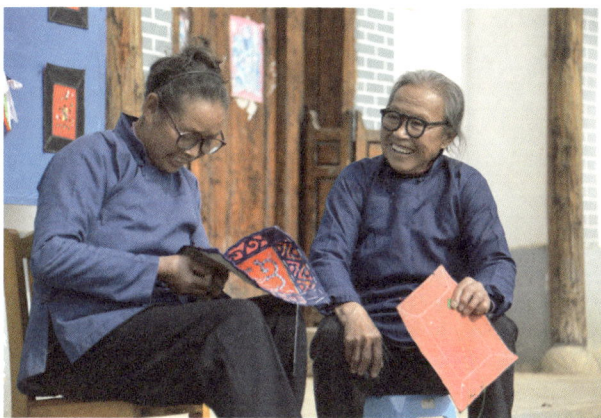

客家服饰

　　崇义女子须劳作，故从畲、瑶民族习俗多"天脚"，个别大户人家的女人固守"三寸金莲为美"的中原古俗而缠足。乡民素穿布鞋，女人穿绣花布鞋。雨天穿木质三眼屐，出门则穿草鞋。民国以后富有的人家才有水胶鞋。新中国成立后，土地改革没收地主的财产时，只有上堡街和梅隔乡有三两双水鞋。20世纪70年代以后，人们讲求方便、舒适，市面上各种式样的水鞋、胶鞋、塑料鞋、皮鞋应有尽有，草鞋、木拖鞋已绝迹，布鞋也已弃而不穿。旧时人们不穿袜或用裹脚布取暖，民国时期才有长筒袜，20世纪60年代才有人穿短袜（俗叫节袜子）。

在装饰方面，妇女多插钗戴环。钗插在发髻里；环有耳环、戒指、手圈等。妇女用银链系围裙，还将银针筒、耳挖、牙签串成串，既实用又可作装饰。有的小孩脚戴脚圈，颈挂锁链，头戴银质的八仙人头帽，意在保平安富贵。

鞋帽头饰

客家冠帽的种类虽然不多但极有特色。天冷时男人戴瓜皮帽和裹头巾，老年人则戴苏武牧羊式的遮耳风帽。女性少女时期梳独辫，出嫁之后，独辫改成发髻，发髻上裹一块吊有樱桃的罗帕。客家孩童的狮头帽工艺精美，既有驱凶避邪的虎虎生气，又有图腾审美的神性意味。

客家童帽与虎头帽

5. 客家土屋

崇义客家建筑的主要材料是土屋，基本上沿用了古代北方汉族建筑的传统，采用土木石材料为建筑的基本材料，用夯土版筑（俗称"干打垒"）或者用泥土制成一块块的土砖坯米砌墙承重，以木头作梁并盖以青瓦，房子的基脚用石料和青砖砌实。在土木石等建筑材料中，泥土是客家建筑的主体，是最基本的材料。

九井十八厅

　　客家土屋不仅适宜居住，而且稳定、坚固、不易变形，是客家族群里最普遍、最具有客家风味的建筑。此外，"上三下三""九井十八厅"等有客家特色的府第式民居设计也是客家人建筑文化的一个代表符号，不仅具有较强的观赏性，而且蕴含了深厚的客家风水思想、家族文化等。崇义最具特色的历史建筑是位于聂都圩内的水楼，其于明成化年间建成。五座水楼均以麻石砌成，四面临水，被认为是当今典型的客家建筑——土楼和围龙屋的前身。

"上三下三"和"九井十八厅"式客家建筑

　　"上三下三"：客家"竹竿屋"的"一条龙"式的"宅"，因为人丁兴旺的原因，渐次发展为"口"字形的"四合院"式。"四合院"是二堂二横，此类建筑客家人一般称之为"堂横式围屋"。因此"四合院"是最简单的"堂横式围屋"。客家人对"四合院"式民居有数种称呼，如"双堂屋""上下堂""前后堂"。这种建筑一般是两进屋，前屋称为门堂或前堂，后屋为上堂，中间为天井。依堂屋开间数分别称"上三下三"或"上五下五"。一般房间的设置没有规律性，但不会门对门，会错落开来。

"九井十八厅"：十厅九井又称"九井十八厅"，是客家堂横式围屋之一，是类似中原汉族府第风格的殿堂式民居建筑。它采用传统建筑工艺中最先进的"抬梁式"和"穿斗式"混合结构，布局严谨，讲究座向，主次对称，外形堂皇美观，具有科学、艺术和实用价值。

"九井十八厅"的建筑结构是以中心轴所在线为二堂（厅）或三堂，最多者达五堂，基本上是对两座完整"四合院"的纵向合并与扩充，大型的可有四进四座，形成八厅相向格局，人多一点的五进都有，多为豪富或显宦人家所建造。其中自家无功名者，门楼屋顶不得飞檐起翘；若有起翘飞檐，则称大夫第，故又称府第式。其主要特点是屋内厅堂多，天井多。

聂都水楼遗址

客家土屋不仅适宜居住，而且稳定、坚固、不易变形，是客家世界里最普遍、最具有客家风味的建筑，也是客家文化的一个代表符号，不仅具有较强的观赏性，而且蕴含了深厚的客家风水思想、家族文化等。客家人习惯于聚族而居，因此往往会集中建筑一群住宅，一个家族聚居在一个封闭的住宅群内，随着家族人口的增长而不断扩大建筑规模。共同的围墙把这个家族的命运和荣辱联结在一起，体现出强烈的宗族意识。

崇义客家人在建房迁居上也有一定的传统习俗。一般新屋建成后要择吉日良辰入宅。家长高举火把先行，象征前途光明。家属挑着锅、盘、粮、菜、家具等，沿途放鞭炮，披红挂彩，鱼贯而入。入屋后要先在正堂点香烛，向祖先祷告，然后到厨房灶台祀神，进火燃灶，炸果品、做菜饭，接受亲友道贺，大摆筵席。近些年来，这种仪式中的迷信色彩逐渐减少，但亲友道贺的成分仍然存在，酒筵也仍旧丰盛。

（四）
互帮互助，宗族内部管理

1. 宗族管理

客家文化所蕴含的完备的客家宗法系统支撑了对当地梯田的大规模开垦，在此过程中，客家人的宗法社会关系也得以进一步加强。崇义客家民风淳朴，客家人勤劳务实、热情互助，在劳作中互相协作、支援，共同管理梯田。

梯田的水稻生产需水量大，从培秧到收割要经过多道复杂工序，属于典型的劳动密集型生产。家族能聚集共同的力量来获取最多的资源，拓宽最大的生存空间。崇义宗族以祠堂为中心，族长为一族的领导，宗族内部相互联系，集体参与对梯田的修建及耕作。家族以族规、家规等道德规范和行为准则约束、教育族人，统一组织生产。宗族式管理保障了梯田的稳定和正常扩展，进而保障了农产品的收获和农业的发展，为人口增加创造了条件，借此使家族进一步扩大。梯田生产使客家宗法社会在山区环境顽强地延绵和嗣续，宗法制度留下的痕迹较其他地方更为深刻。

在长期的农耕文化和客家文化交融中，崇义县逐渐形成了约定俗成的乡规民约。

（1）孝第一 尊老敬宗，崇尚礼仪。在生活中，客家人无不尊敬老人、孝敬父母、奉祭祖先。平日里，人们尊老为先，对老人长辈极尽恭

客家祠堂

敬之礼，对远逝的先祖也十分尊敬，不断举行祭祀活动，以怀念老人先祖的功德，表达后人对祖先的崇敬之情。

（2）讲礼貌　热情好客，礼节周到。无论对亲朋好友、左邻右舍还是新交旧识、远方来客，均尊敬友好、热情招待。特别是每逢有红白喜事，客家人都会大摆筵席、广邀亲朋好友、邻里乡亲，给予热情招待。

（3）真善美　急公好义、乐于助人。亲友遇困难，及时支援；陌生路人有危难，积极抢救。

乡规民约因具有制定和施行上的悠久历史，作为乡民社会人们的一种行为准则，亦为国家法律的一种补充，对乡民品行德性的教化、人际关系的调整、社会矛盾的化解、传统社会秩序的稳定曾经起过不可磨灭的历史作用。

2. 婚姻礼俗

崇义客家人的婚姻习俗多保持中原古风，同时又糅杂了畲、瑶、壮和古"蛮僚"民族的习俗，如婚嫁的童养媳婚，丧葬的"买水"浴尸、丧葬奏乐、二次葬（拣金）、火烧麻风死者等。旧时婚嫁要依"三茶六礼"的规矩办理。三茶是指纳彩、纳徵、迎娶三个程序，每一个程序里男方都须送给女方钱物，叫做"茶礼"，寓意婚事如茶籽入土、开花、结籽不可移异，如茶树结籽又多又繁。六礼是指纳彩、问名、纳吉、纳徵、请期、迎亲所行的礼节。除了三茶六礼还有许多细小的礼节。

随着社会的变迁，婚姻礼俗虽有更改，但大致上还是参照旧制办理。婚礼仪式中，仍有闹洞房、圆房等旧俗。另外，客家社会中男婚女嫁讲究"明媒正娶"，正式的婚姻关系是一种"嫁娶婚"，招赘之风并不盛行，但也存在有赘婚、望郎媳、招夫等特殊婚姻。

客家婚姻"三茶六礼"旧制

（1）提亲　又叫笑亲。旧时男十七八岁、女十四五岁甚至十二三岁就开始谈婚论嫁。因为男女授受不亲，所以不见面、不交谈，由男方请媒人向女方通意。当时严禁同宗同姓婚，如有违反，轻者族法惩处，重者逐族削姓。当时也避免逆辈婚和禁忌婚，但不避亲亲婚，表兄妹通婚的现象常见。

（2）问名、纳彩　若提亲后女方有意，男方会用红纸开列自己出生的年月日时，各配以天干地支，共八个字。这叫年庚八字帖，由媒人将之送达女方。女方在帖下边也依式开列八字，这帖就成了龙凤帖。男方将龙凤帖交日课先生（本地多为地舆先生）依金木水火土五行推究相生相克。若无刑克且有四个字以上相生相合，则姻缘可定。有六字以上，例如子与丑、寅与亥、卯与戌、辰与酉相合则为"上上婚"。也可用俗句相参照，如"青兔黄狗古来有，红马黄羊寿命长，黑鼠黄牛两相望，青牛黑猪喜洋洋，龙鸡更久长"是相合的八字，而"白马怕青牛，猪猴不到头，金鸡怕玉犬，羊鼠一旦休"是不相合的八字。

有的人还要将龙凤帖压在神台的香炉下，静观七天以确定双方家庭的安危动静，安静则婚姻可定。有的还在暗夜里到黄竹丛中任摸一根黄竹，用红绳将男女庚帖捆住，第二天再去看，若所捆的是尖尾竹则八字相合、婚缘可定。这个程序叫做合八字。

有的女方为了撮合婚事，会想法弄清男方的"八字"并更改自己的生庚使其相合。有的则会通过媒人向男方说出实情，采用解禁法使婚后与丈夫相生相兴。这就是常说的"男八字无假，女八字无全真"。

传庚帖时，男方要依规开列"求亲礼帖"向女方送礼，也叫纳彩。此为第一次"茶礼"。古时的"彩"仅用雁为礼，取"雁顺阴阳往来，一与之齐终身不改，飞成行止成列，长幼有序，不相践越"的意思。后来雁难找而代以它物，礼物的数量也多了。

（3）纳吉　女方传回庚帖后，男方到庙里向菩萨禀告婚事以求吉祥。

（4）纳徵，又叫开红帖或过定　姻缘既定，媒人约男女双方家长依乡间不成规的"行价"商议聘金、衣物、食物等彩礼。其间可以讨价还价，说是"讲亲讲亲，越讲越亲"。议定后男方预付若干聘金"押八字"，叫扎庚，也叫过暗礼。女方根据聘金的多少许下嫁妆。一般是"上等人家贴钱嫁女，中等人家将钱嫁女，下等人家赚钱嫁女"。意思是：有钱人家嫁妆钱比彩礼钱给的多，中等人家用彩礼钱置办嫁妆，穷人家只收彩礼不办嫁妆，形同嫁女赚钱。这是第二次"茶礼"。

纳征后互送交亲拜帖，通过帖子告知双方家人的姓名和称呼。交亲拜帖一般拜三代：亲家、亲家之父、亲家之子，亲家母、亲家母之家婆、亲家母之媳。拜帖上均用主婚人的称谓。

（5）请期　请期又叫报日单。男方卜择好完婚的吉日，用红纸写请期帖，并包红包、礼物到女家报吉期。女方为了慎重，往往用男方所送红包另请日课行家复验请期帖。婚期若与女方无碍则妨允诺，回以"准期帖"；有碍就回"不尊期帖"，男方须另择吉日。

此后，双方各自紧张筹办婚事，预请婚宴宾客。崇义一带重母系，舅族有极大的权力，俗称："天上雷公，地下母舅公"，所有程序都请舅家参议。男方要由新郎带上礼品，持请柬预请舅族赴宴。其余的亲族友则用简帖或口头相请，女方多为口头请客。至亲好友也会送来肉、禽、酒、饼等礼物。这礼物由男方收下，但不能白得，要买高于该礼物价值的礼物送新娘出嫁。人们俗称这礼物"打水礼"，又形象地叫它做"桐油肉"，意指吃了桐油肉会反胃呕吐。

双方要请定婚礼的帮办人员，主要有总理、宣书(也叫做先生)、司厨、执簿、侍娘等。总理负责筹划婚宴、迎娶礼节和人员安排；先生写对联、书帖，诵念告文，包礼包；司厨负责婚宴酒席；执簿负责收贺礼；侍娘须是"全福"之人，即只结过一次婚且夫妇齐全、有儿孙，常由舅母担任，若不宜则另择。她负责缝新婚被、安床、缝彩旗、陪侍新娘拜堂和暖房。

男方还要请定两名等亲妹、两名唢呐手及执彩旗人、若干轿夫，并确定夫子头等人员职务。

（6）迎娶和出嫁　男方称归门，女方称行嫁，持续前后三天。双方都举宴请亲、族、友赴席，向公众告白该桩婚事为明媒正娶，合于礼俗。

第一天，男方一早起乐，宰猪（该猪称红门猪），贴喜联，扎彩旗。午宴前舅族人或至亲为新郎披红、赞叹。午后安床、暖轿、行拜祖礼，由礼生宣读敬祖诰文出轿。迎亲队由介绍人引领，抬花轿赴女方迎亲。男方恭谦地在花轿右侧贴轿封，写明堂号姓氏、祖上的官衔及现任的官职。女方为表遵从男左女右的规则，将男方轿封撕下改贴到左边，再在右边贴上女方的轿封（后来改为互贴轿联）。迎来的亲人数应为单数，以便加上新娘凑成双数回来。其中至少有两个唢呐师（大户人家则请二班人，一班在家迎送宾客，一班赴女方迎接新娘），他们于事先领取男方的"过山礼"，一路上逢村落或山岭都须不停地吹奏。有一人执彩旗，彩旗用红布连缀二根小乌竹制作而成。还有两个未婚伴娘、若干个夫子（视女方嫁妆多少定员）。夫子挑着各色食物，例如猪肉、禽、蛋、酒、鱼、油、豆腐，乃至香料、佐菜（数量以女方酒宴所需为度）等前往。这是第三次"茶礼"，即迎亲礼。到了女家，夫子头要与女方将一任事物，例如未清的聘礼、添礼等交割清楚。同日，嫁女开脸、吃饯行酒、哭嫁、装箱。女方要请先生具写父母及亲族友所赠的嫁礼，俗称赠奁。20世纪80年代以前，大部分人家的父母多以橱、柜等木质用具做嫁妆，个别富有人家也有以山场、田地为嫁妆的，亲族友则送小件用品。20世纪90年代以后，父母多改以家用电器、缝衣机、摩托车和实用机械为嫁妆，亲戚朋友则多以现金相赠。

第二天叫正酒日。早饭时新娘哭辞亲族友，众人以红包相慰。早饭后直至嫁女离家，父母应避见女儿。嫁女穿好嫁衣、罗裙，佩戴好防邪的铜镜，盖好头盖罗帕，由长兄或同辈长亲背到厅堂，站在凳子上拜别祖宗，再由男方派来的"负凤人"接背，在厅堂里面朝神台进三步、退三步，然后转身背出大门上轿，唢呐、彩旗引着花轿将嫁女迎回，一路上伴娘随行左右，夫子抬着嫁妆回男家。为不将娘家财气带走，从闺房到上轿嫁女应不再脚踩娘家地。脖子上系的铜镜正面先要向着娘家屋，走至半途则翻转，正面向着夫家方向，意为保双方家庭平安。轿落男家，新娘伫立大厅门前，礼生念进门赞和庙见告祖文。到吉时后，由新郎将新娘请入厅堂。之后新郎、新娘由礼仪先生引导着行拜祖、拜天地、夫妇对拜等礼，礼生宣读进亲、告祖文（20世纪80—90年代以后，暖轿、告祖、告天地等告文都渐渐弃用），然后夫妻进入洞房。男方父母应回避，以免翁、姑与新媳妇"撞火"。鸣炮，执事、礼仪先生迎接女方的送嫁上宾。上宾为二男四女，均为至亲，是女家预请的送嫁人。旧时他们坐轿前往男家，后由男家奉给"代步礼"，改作步行。上宾洗脸、换鞋毕，请出男家父母，互相作揖赞贺。

婚姻礼俗1

婚姻礼俗2

接着是举办盛宴。先安席，一般安四席：女方男上宾居第一、第二席的尊位，第三席为男方母舅，第四席为媒人（若媒人为女则安男方男客）。双方女上宾在"新娘间"依尊卑序坐，新娘相陪，伴娘左右侍候。席间，宾客、主人均杯斛交错开怀畅饮，以至猜拳行令、吆三喝四，还有唢呐、鼓乐助兴。席间还要"周席"，主家随礼仪先生向宾客作揖行礼，先生说"感谢踏步增光，菜蔬淡薄，招待不周，请多原谅，水酒多饮几杯"一类的客套话。周席时，全体宾客应起立还礼。婚宴的丰约与家境和时势相关：贫困年月以吃饱为度，20世纪60年代曾有过由客人自带大米来贺的现象；20世纪90年代以后多大操大办，讲究丰盛和排场，不少人到圩场包席，追求口味和声势。

下午，依所选吉时由礼仪先生赞叹，新夫妇行交杯、坐床礼。20世纪80年代后期已渐不行此仪。

晚间，女方上宾歇息，男方亲友十几人闹新房。"洞房三天无老少"，此时人不分亲疏长幼、言不论高雅粗俗，人们在新房里尽情逗趣、嬉笑，有的人甚至动以手脚，意在启导新婚夫妇亲昵。20世纪70年代上堡街李声扬成婚时首破庸俗闹房，改为新婚夫妇和宾客畅言交谈；20世纪80—90年代以后不兴闹房，多改放电影、录像，或干脆取消该项仪程。

第三日，早饭前新婚夫妇行庙见礼，新娘正式拜见翁姑，送鞋袜、衣被以表孝敬。翁姑已亡则在三个月以后到家庙（祠堂）中对灵参拜。

饭后女方上宾齐赴"团圆席"。席上所有酒碗满斟，但上宾不饮，只赞吉语并离席、辞别，男家以轿马相送，后来改奉"轿马礼"而步行。此时二童执彩旗让上宾从彩旗下通过，这叫"过红门"。旗童旋即飞奔向前用旗杆交叉拦阻上宾，待上宾奉以红包才让通过，这样拦两次，叫："再过红门"。新婚夫妇抱着上宾的雨伞送行，上宾奉红包取伞，这叫"送伞礼"。之后才送男方上宾离开。

最后，新郎要挑了禽、蛋、酒和鞋袜恭送媒人。

至此，婚礼结束。

六

未来之路，文化
传承中持续前行

江西崇义客家梯田系统

梯田景观

　　历经千百年的梯田系统，承载着客家人的过去、现在和未来。但是，传统农业比较效益低的问题，使农民从事耕作的积极性受到影响；另一方面，城镇化进程中乡土文化与传统农耕文化也受到较大的冲击，使得本地的传统农业系统保护工作也亟待加强。在此背景下，解决遗产地该如何保护这一具有重要历史价值、科研价值、生态价值、经济价值的农业文化遗产，进而带动区域经济社会和自然的协同发展的问题，显得尤为重要。

（一）
步履维艰，传统面临挑战

1. 现代技术推广造成传统品种的濒危性

　　品种是农作物增产的内在因素，是最基本的农业生产资源。对于以水稻为主要作物的崇义县来说，水稻品种的优劣影响着农业生产的发展。在梯田系统中水稻品种的发展方面，新中国成立初期主要以本地品种为主，之后高秆品种得到逐步推广，更换品种的面积达到总面积的80%；从1963年引进矮秆品种开始，该品种由于具有耐肥、抗倒伏、增产潜力大等特性，得以大面积种植；从1975年开始，崇义县引进杂交水稻品种，到1980年，全县中、晚稻80%以上种的是杂交品种。

稻田

与杂交品种的水稻相比，传统水稻品种普遍产量低、成本高，且传统种植模式生产集约度不高，缺乏市场化、组织化的运行模式，尽管可以在某些民俗活动、地方饮食方面满足崇义居民一定程度的需求，但影响范围与力度有限，所以不具备规模优势，很难与现代化农业展开竞争。同时，由于日常管理相对简单，当地许多农民除选择以可高产增收的杂交稻替代传统水稻，也开始大面积种植红薯、花生等经济作物。这就使得传统水稻种植面积明显减少，传统稻谷品种消失的问题日益严重，除了红米、大禾子等极少数品种外，其他传统高秆、矮秆水稻品种几乎已经无人种植，本地的生物多样性受到严峻挑战。目前水田改作旱地、由种植传统农作物变为种植经济作物甚至田地撂荒等现象日趋严重。另一方面，随着现代农业技术的推广，化肥农药成为农民"省心省力"的选择，这不但破坏了本地环境，还影响着传统农技的传承。

2. 传统农技与农具逐渐消亡

在农技与农具方面，崇义客家人素来十分注重精耕细作，但近年来劳动力减少，大多数农田由二犁二耙和三犁三耙变成一犁一耙，有的浸冬田干脆不犁不耙就插秧。最近数年，农人们已很少铲田坝上的草，也不垒田塍，改为用除草剂除草，在耕作上相比于传统明显粗疏化。传统梯田耕作主要依赖人力和畜力进行，机械化程度低，现在传统农具有的已经消亡，有的正在消亡，有的还在使用。

已经消亡的龙骨车、木制独轮车

传统农具现状

状　态	农　具
已经消亡的农具	脚踏水车、手推的独木轮等
正在消亡的农具	辘轴、桶缸、风车、石臼、谷砻、石磨等
还在使用的农具	犁、耙、阔板锄、条板锄、田刀、竹刀、禾镰等

正在消亡的水车、风车、桶缸及围帐、谷砻

3. 农业比较效益低造成部分耕地撂荒

　　崇义县耕地面积不大，山多林广，后备耕地资源有限，一旦有限的耕地资源得不到保护，就有可能因粮食问题而引发对生态环境的破坏。

撂荒的耕地

随着社会经济发展速度加快，城镇化和工业化对土地的需求量加大，且主要占据了小型山间盆地，而这些地区正是耕地的集中分布区，故非农占用耕地的压力很大，同时农业结构的调整也必将导致耕地由农田向各类园地转化，因而更应突出对耕地资源的保护和合理利用。

由于农产品无法在产量上形成比较优势，同时其价格相对较低，当前从事农业生产不如从事非农产业的效益高。作为以种植业为主业的乡村，遗产地核心区的3个乡共26个行政村，农民人均纯收入1 664元，远低于城镇居民。同时农业生产所需的体力劳动量相对更大，使部分农民从事农业生产的积极性有所降低。受此影响，"弃耕务工""弃田经商"成为农民的首选，耕作方便的田地由亲戚朋友代种，一些离家远、耕作不便的田地便任其荒弃。此外，个别村还存在年轻人全都外出，只有老人与儿童在家留守，不能够承担责任田的耕作工作，导致部分田地撂荒的情况。当前，遗产地核心区撂荒梯田面积达到529.23公顷，其中上堡乡的保护情况相对较好，仍有64.4公顷的梯田撂荒。

4. 传统乡土文化受到冲击

乡土文化起源于农业社会，是中国传统文化的重要组成部分，其本质是农业文化。同质化给乡土文化带来了很大的冲击，一直以来与人们

现代化的崇义

息息相关、具有浓郁地方特色的乡土文化因承载和适应不了现代社会急剧转型时期的城镇化发展格局而面临着消逝。城镇化带来的最大的变动还是人的变化：人员流动、身份转换、社区聚落的打散与重聚、重新择业、接受新商业模式、接受城市文化价值和伦理等，最终都关联到人的生活方式的剧变和文化习俗的嬗变。在更多人眼里，乡土文化在城镇化发展环境下就应该是被抛弃和否定的，但实质上乡土文化是城镇化进程系统中的一个子系统，它与城镇化中的政治、经济、教育进程有着不可分割的联系和相互依存的关系。

随着社会经济的发展，传统的乡土文化受到现代化的冲击。在现代化的背景下，比较效益相对较低的传统农业生产方式逐渐被现代生产方式替代，饮食习惯、风俗信仰、节庆礼仪等农村居民的生活方式也逐渐改变。青少年受到现代文化的影响超过了传统文化。城镇化带来的文化冲击，使各种乡土民间风俗活动被简单地斥为陈旧、保守、落后、封建的东西，并被强行禁止。同时在农村人口大量向外迁移的过程中，其身上附着的众多传统、文化活动、观念等也随之淡出人们的视野。农业生产力的提高也改变了崇义农民的生活方式，认同传统文化的老一代人与年轻人之间出现了文化传承的断层，许多文化形式出现后继无人的情况。

5. 农业农村发展中的其他问题

除上述面临的挑战外，崇义县的农业农村发展还面临着经济总量不足、产业结构单一、交通基础设施落后、现代服务业和文化产业发展缓慢等诸多问题。随着经济社会的发展，围绕着现有旅游资源开展的现代服务业和文化产业是崇义经济的一

崇义农家乐

个主要增长点。但受地形等条件制约，崇义县的基础设施依然十分薄弱，配套服务设施也不够健全，配套功能欠完善，"吃、住、行、游、购、娱"服务体系发育也不够成熟，无法满足县外、省外游客的需要，致使部分游客进不来，或者逗留时间短。

(二)

坚守初心，多种举措并行

随着对农业文化遗产价值认识的不断提升，崇义县政府和群众逐渐意识到，对农业文化遗产的发掘与保护是发展农业经济、实现农业振兴的重要途径，传统的梯田稻作系统一方面充分利用自然条件而形成了良性的水土资源利用模式，另一方面"森林–竹林–茶园–村庄–梯田–水流"的山地农业体系也有利于农业生态系统稳定性的维持。同时，地处重山之中的客家梯田相对封闭，依附于梯田的社会体系较为独立和完整。客家人在梯田边出生、生长，熟悉梯田耕种管理中的每一个环节，也掌握

梯田景观

了景观周边环境的自然节律和社会特征，因此对梯田的保护也维系着客家乡村社会秩序的和谐，传承着客家传统的农耕文化。

江西崇义客家梯田

燕淑清

梯田远近绿红堆，

岁月耕耘染翠微。

遗产精神承载梦，

客家紫气荡金晖。

——摘自《重要农业文化遗产赋》

崇义客家梯田蕴含着丰富的生物资源，除珍稀野生动植物外，还有大量可以做为食物和经济来源的资源，如森林中的木材与菌类、竹林中的竹子与竹笋、茶园果园中的茶果、梯田中的稻米和（田埂）大豆、河流中的水产等。传统的农耕技术与耕作方式能够有效地减少农药、化肥的使用，提升农产品的品质，为农产品绿色化、有机化奠定了基础。除了发展种植业和食品加工业之外，崇义客家梯田秀美壮观的景观和良好的生态环境是发展休闲旅游业、餐饮、住宿等相关配套产业的重要基

有机大米

础。这些资源优势有利于本地人打开周边市场、增强对周边地区的吸引力，也综合体现了崇义客家梯田的巨大发展潜力。

崇义客家梯田系统的保护工作的主体是崇义的农民，农户的行为与意愿是开展农业文化遗产保护与传承工作的基础。当前，在梯田耕作的农民已逐渐意识到，自己守望的这片土地是客家先民留给后代的宝贵财富，是客家文化的根源所在。

崇义农民

　　为应对遗产地发展面临的问题和挑战，崇义县政府开展了一系列的工作：

1. 政策措施

　　2009年，中共江西省崇义县委办公室、崇义县人民政府办公室发布了《关于加快推进农村土地承包经营权流转，促进规模经营的实施意见》（崇办发[2009]4号），以减少土地撂荒，优化农村土地资源的配置，促进农业增收、农民增收和农村发展；2013年，"崇义客家梯田系统"申报并成功列入第二批"中国重要农业文化遗产"；2014年，崇义成立"申报全球重要农业文化遗产工作领导小组"，县人民政府县长担任组长，县内各单位主要负责人担任领导小组成员，领导小组下设办公室常设在县农粮局，抽调5名工作人员专门负责申报工作，并与中科院地理科学与资源研究所签订技术服务合同，聘请专业人员提供技术服务。

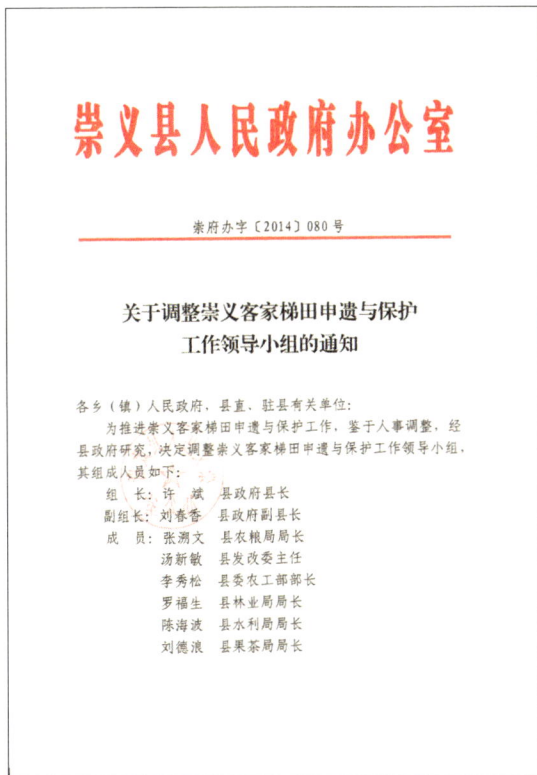

崇义县人民政府办公室

崇府办字〔2014〕080号

关于调整崇义客家梯田申遗与保护
工作领导小组的通知

各乡（镇）人民政府、县直、驻县有关单位：

　　为推进崇义客家梯田申遗与保护工作，鉴于人事调整，经县政府研究，决定调整崇义客家梯田申遗与保护工作领导小组，其组成人员如下：

组　长：许　斌　县政府县长
副组长：刘春香　县政府副县长
成　员：张溯文　县农粮局局长
　　　　汤新敏　县发改委主任
　　　　李秀松　县委农工部部长
　　　　罗福生　县林业局局长
　　　　陈海波　县水利局局长
　　　　刘德浪　县果茶局局长

关于调整崇义客家梯田申遗与保护领导小组的通知

科研人员到崇义调研

座谈会

2. 梯田品牌的打造

当前崇义县有无公害农产品认证1个、绿色食品认证1个、有机食品认证6个；"崇义高山茶"正在申报国家地理标志产品。据统计，崇义通过"三品一标"认证的农业产品产值达到4.33亿元，占农业商品产值的57%以上。另一方面，2012年，上堡梯田被上海大世界基尼斯评为"最大的客家梯田"，2014年被农业部认定为首批"中国美丽田园"，2013年上堡乡水南村入选了农业部"美丽乡村"创建试点乡村；告圣、米酒酿制技艺、黄姜豆腐制作技艺、舞春牛等6个项崇义客家民俗文化已成功申报为江西省省级非物质文化遗产保护项目。

有机认证产品

获授农业部"美丽乡村"创建试点

沁园春·江西崇义客家梯田系统

宗宝光

崇义梯田，历代神工，秀美壮观。

喜层层叠叠，描青染碧；葱葱郁郁，滴翠凝鲜。

照水舒姿，迎风展袖，果穗飘香遍地妍。

金秋日，绽欢声笑语，歌庆丰年。

宏图伟业斑斓，赞薪火传承勇着鞭。

颂春牛起舞，推崇遗产；客家兴业，继谱新篇。

恢复农耕，还原稻作，惠政膏民福祉延。

神奇地，享安居乐业，今世桃源。

——摘自《重要农业文化遗产赋》

3. 多功能农业的发展

引导和鼓励返乡农民工从事农田产业，对流转承包地100亩以上的经营主体，按照农业龙头企业相关政策，给予一定的授信额度，解决其季节性、临时性资金不足；返乡农民工创办企业或从事二、三产业，按照有关政策规定给予优惠；实施"一村一品""一乡一业"发展战略，合理布局，因地制宜，充分发挥能人、大户、科技带头人和合作经济

上堡梯田景区

崇义旅游发展总体规划之资源分布

组织的示范作用，鼓励茶叶、大棚蔬菜、葡萄等经济效益好、市场前景广阔的特色农业产业，如2011年引入"千亩生态大米"项目，在上堡乡等乡镇种植生态大米；进一步加大了梯田生态旅游招商引资的优惠政策，响应国家旅游扶贫试验区建设，加快上堡乡梯田核心景区开发，2014年启动上堡梯田景区旅游公路改造。目前，崇义县共有省级休闲农业示范点1个——上堡梯田，赣州市十大"优秀乡村游示范点"1个——龙勾梦园橙乡，具有代表性的休闲农业景点9个，农家乐旅游点53个。

4. 宣传、教育工作的开展

各乡（镇）组织多次开展农业文化遗产保护、农村土地流转有关政策的宣传活动，着重宣传了《关于开展中国重要农业文化遗产发掘工作的通知》《中国重要农业文化遗产管理办法（试行）》《土地承包法》《农村土地承包经营权流转管理办法》等文件,举办了"有机稻生产技术培训班""新型职业农民培训班"等活动，自2010年起每年举办十余期培训班，针对生产经营型职业农民开展全产业链技能教育培训，侧重传授生产管理与市场营销知识，重点培训农业知识技能与法规，提高群众的种田积极性与科学性。

新型职业农民培训班

中央电视台走基层到上堡梯田拍摄

（三）
怀抱理想，前途一片光明

依据联合国粮农组织和中国农业部提出的全球重要农业文化遗产与中国重要农业文化遗产的管理理念，崇义客家梯田系统的总体目标是建设成为生态农业的示范基地、梯田文化景观旅游点、农耕文化的展示窗口、农业文化遗产管理的优秀示范，力争通过规划编制与实施，最终实现崇义客家梯田传统农作物品种的多样化和传统家畜品种的多样化，从而有力地保存现有物种资源，尤其是本地的水稻品种资源；通过环境治理，恢复江西崇义客家梯田系统的原有生态系统以及与之相关的农业文化与农业景观；在保护好农业文化遗产同时，将崇义客家梯田打造成

梯田观景台及步道加固

为一个专门输出高山梯田富硒有机大米、高山富硒有机茶等高端、无污染、无公害且能满足多种口味需求的优质农业产品的供给基地；充分发掘出江西崇义客家梯田系统的旅游观光价值，并将其打造成为中国农业文化遗产重要观光地；通过系统培训，进一步增强地方政府管理农业文化遗产的综合能力。通过对崇义客家梯田农业文化遗产地的建设，带动整个地方政治、经济与文化的全面发展，带来生态、经济和社会多方面的效益。

首先，在生态效益方面，计划通过生态农业技术的推广和大规模生态农业基地的建设，确保重点保护区内逐步实现农业有机化、生态化。在遗产地范围内设立示范区和实验区，引导农民按照传统耕作方式进行栽培和耕种，包括沤肥、整地、育秧、播种、田间管理、病虫害防治、收获等，制订传统水稻耕作技术操作规程，总结并推广水稻传统耕作技术和绿色高效生态循环农业栽培模式。耕地保护措施的实施，能保护农田生态环境，改善农田水土质量，保证农业初级产品的产量和质量。对江西崇义客家梯田的保护提供了多种生态系统服务功能，促进了对农业生物多样性的保护，包括对不同特性的水稻品种的培植和对各类动植物的保护，从而实现江西崇义客家梯田系统生态农业的可持续发展，以及梯田景观的维持与可持续利用。

其次，在经济效益方面，计划利用全球重要农业文化遗产的品牌效应，借助气候、土壤、生态优势，通过发展以生态农产品种植为核心的多功能农业，保障高质量农产品供给，提高产品深加工程度，从而切实

崇义的农产品加工合作社

提高农民收入。一方面，生态农产品品牌得以因此得到强化，另一方面可以通过提升农产品质量来提升产品价格，从而提升崇义县农民的生计水平。同时，通过充分开发梯田系统内部竹林、其他农作物和林下经济作物以及各种家畜品种，可以在综合发展农村经济、促进农民增收的基础上应对市场波动，从而增加经济系统的稳定性。此外，农业文化遗产的发展还将带动农产品加工业的发展，从而推动遗产地范围内基础设施的建设，促进全县经济的发展。应通过对农业文化遗产地旅游事业的发展，发挥梯田系统的多功能性，将其与休闲旅游业有机结合，通过产业结构升级促进地方经济的发展。进而通过农村休闲旅游、农业文化遗产旅游、观光度假旅游的融合发展，带动地区的第三产业发展。

梯田耕作

最后，在社会效益方面，崇义客家梯田系统农业文化遗产中蕴含着丰富的生产经验、传统技术和人与自然和谐发展的思想，有许多先进的理念可以为现代农业的发展提供借鉴和参考。对崇义客家梯田系统农业文化遗产的保护与发展，将促进崇义民众更好地认识传统的农业知识和管理经验，并运用这些知识和经验来应对在现代发展中面临的挑战，实现对传统文化的传承与创新的结合，增强崇义现代农业发展的全面性、协调性和可持续性。未来，崇义客家梯田的知名度将进一步提升，梯田所在地居民的文化自觉与自信，以及对梯田文化传承的责任意识和整个社区的凝聚力也将进一步增强，从而保障社会的和谐稳定。此外，农业文化遗产的发展将带动地方企业的发展，促进劳动力在三个产业内部再分配。同时，农产品加工、生态旅游等项目的开展，会促进妇女参与工作，从而有效提高妇女们的社会地位和自信心。

附录

江西崇义客家梯田系统

附录**1** 旅游资讯

崇义旅游资源丰富，具有山青、水秀、竹翠、洞奇的资源特质，其中客家文化旅游资源地域文化特征明显，并与历史人文旅游资源和社会旅游资源互为衬托。崇义县山多，森林覆盖面积大，森林覆盖率达86%以上，为江南之最，且高等被子植物阔叶林覆盖率达67%，在全国以县为单位的排名中名列第一。崇义县保存有良好的原始森林生态，空气负离子含量高，平均值达到9.2万个/立方厘米，最高处达到19万个/立方厘米，整个崇义县就是一个"天然氧库"。这些明显的资源优势，可以为游客提供丰富的旅游体验。

（一）

旅游景点

1. 上堡梯田

上堡梯田位于崇义县上堡乡，距离崇义县城50千米，距赣州市城区127千米。梯田依山势开建，连绵数百亩，又有零星村落点缀其间，有近万亩高山梯田群落，散落在水南、良和、赤水、竹溪、正井一带，梯田的垂直落差可达千米，位置最高的田块在海拔1 260米处，最低的在

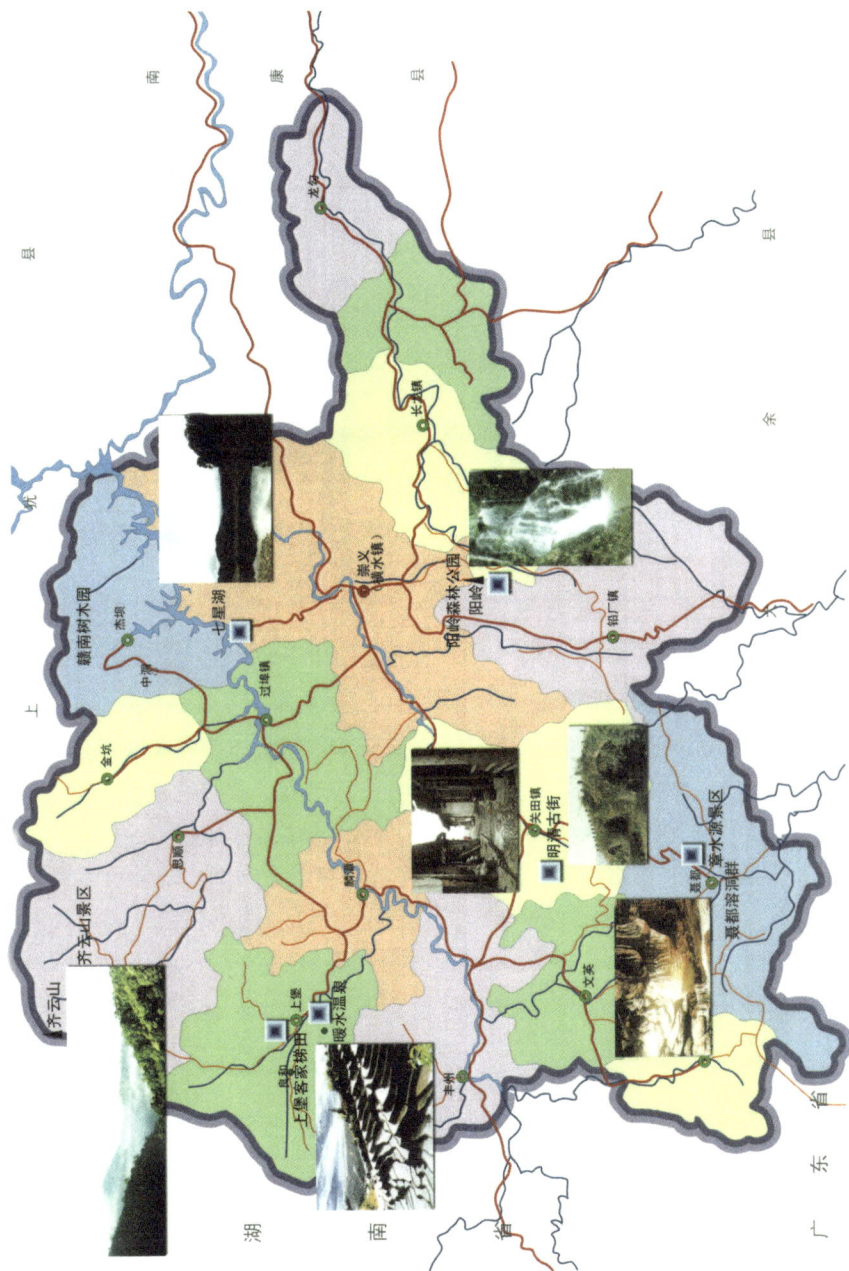

崇义旅游景点分布

（图片来源：《江西省崇义县旅游业发展总体规划》）

上堡梯田

海拔260米处。有的梯田从高到低不断延续，竟然达百层之多，就像一条条长梯架搭在山间岭谷。特别是在水南村，周围的梯田，高高低低，层层叠叠，涌向天际，令人叹为观止。

　　游客可到水南村岭顶子参观梯田，那里建有山沟子观景台、大排子观景台。站在山上俯瞰，脚下的山头上布满了重重叠叠的梯田，一层层、一排排，静静地铺陈在眼前，接天连地，精致而又恢宏。顺山势蜿蜒起伏的田埂犹如绿色湖面上的阵阵涟漪，蓄满了水的梯田流光溢彩，或丰腴或苗条。墨绿的禾苗迎风摇摆，尽情享受着山泉和阳光的滋润。水南村丰坪也不错，建有八卦田观景台。这里有句民谣："上堡，上堡，高山顶上水淼淼。"

2. 上堡整训旧址

　　上堡整训是1927年11月朱德、陈毅同志领导南昌起义保存下来的部队在崇义上堡进行的一次整军，在人民军队建军史上仅次于"南昌起义"（军旗升起的地方）、"三湾改编"（军旗跟党走的地方），被誉为"军旗不倒的地方"，军史学界统称它们为"三面军旗"。旧址位于上堡村水北村民小组，是个大屋场，几十栋房子一字排开坐落在山脚下。整训期间三分之二以上的部队在此驻扎，并在此设《军纪讲习所》，只要不操

上堡整训旧址

练，全体官员就在此处学习纪律、战略、战术。当前旧址上正在恢复朱德旧居、陈毅故居、彭德怀故居、大军营、练兵场等。

3. 赤水冰川遗迹

上堡乡赤水村赤水河里有十多亿年前留下的冰川遗迹，保存完好，规模宏大。大自然的鬼斧神工，在巨石里凿出一眼眼石洞，洞壁犹如被打磨抛光过一样光滑，大如桶缸，小如饭碗，夹杂牵连，像成串的珍珠。石洞里摆着长短方圆、形状怪异的小石头，像石缸里装着珍珠宝玉。洞里河水晶莹剔透，恰似琼浆玉液。

赤水冰川遗迹

4. 赤水仙茶场

赤水仙茶场位于江西省赣州市崇义县西部面积148平方千米的上堡乡赤水村，距离崇义县城50千米，距赣州市城区127千米。茶场地处齐云山与诸广山山腰，海拔为800～1 200米，在国家级自然保护区"齐云山"范围内。茶场充分利用高山茶园的生态风光，建设生态观光茶园1 200亩，完善了道路等基础设施，修建了茶园至赤水仙主峰和华仙峰顶阶梯的道路和茶园游步道，新建了游客接待中心、高标准装修品茶室并添置制茶设备，建设了休闲亭、门亭、观光台等配套设施。

赤水仙茶场

5. 阳岭国家森林公园

阳岭位于崇义县城南侧，是国家4A级旅游景区，总面积6 890公顷，主峰海拔1 259.5米，森林覆盖率达96.8%，空气负氧离子浓度值为9.6万个/立方厘米，最高处达19万个/立方厘米。阳岭森林公园面积大、物种多、原始生态保存极好，享有"江南绿色宝库""天然氧吧"的美誉，是旅游休闲度假和养生的极佳选择。景区内的主要景点有阳明湖、兰溪沟谷雨林、兰溪瀑布、云隐寺、阳岭之巅等。

阳岭国家森林公园

6. 齐云山自然保护区

　　齐云山国家级自然保护区位于崇义县西北部，海拔2 061.3米，是赣南第一高峰。齐云山山势巍峨险峻，终日云腾雾绕。山上多为茂密的原始森林，物种极为丰富，有多种国家一级保护植物和国家一级珍贵树种，几十种国家重点保护野生动物。在主峰上极目远眺，三省八县尽收眼底。齐云山多奇峰险涧，风光四季变幻莫测，是摄影爱好者的天堂、野外探险者的乐园。

齐云山自然保护区

江西君子谷野生水果世界

7. 江西君子谷野生水果世界

　　江西君子谷野生水果世界位于罗霄山脉东南段的江西省崇义县麟潭乡，距县城26千米，地理环境优越，面积达2 000多亩，主要由君子谷野生水果保护区、君子谷野生水果种质资源圃、君子谷野生刺葡萄选优品系生态种植园、君子谷野果酒庄、君子谷农民学校、君子谷野果酒博览馆等组成，是一个集野果研发、保护、种植、酒品酿造于一体的科技型农业生态示范园。其主要产品为利用野生刺葡萄选优品系进行生态种植的刺葡萄和酿出的刺葡萄酒、各种原生态野果酒以及其他生态食品。

8. 聂都溶洞群

　　聂都溶洞群位于崇义县聂都乡，已探明的有仙鹤岩、罗汉岩、莲花岩等28个大小溶洞，集中分布在2平方千米范围内。其中仙鹤岩是聂都溶洞群中成岩最早、发育最完整、景观最丰富的大理石溶洞，因洞内有一对形似白鹤的钟乳石而得名。洞深千余米，洞洞相连，洞中有洞。洞内钟乳林立，石笋、石柱、石旗千姿百态，有的形如鸟兽，有的貌似仙翁，有的状若鬼怪……令人由衷赞叹大自然鬼斧神工的造化之功。

神奇洞府
——聂都溶洞
NIE DU RONG DONG

聂都溶洞群

9. 关田明清古街

关田明清古街位于关田村中心地段，东西走向，略有折线拐弯。街长63.6米，用鹅卵石铺成。全街宽约2米，两侧有"人行道"，房屋两两相连，无支巷。现有房屋近40间，部分为各种店铺。

茶寮碑刻

10. 茶寮碑刻

距思顺乡桶岗村2.5千米的小河西岸有一深潭，上面为悬崖绝壁，在壁立的崖石上，刻有一碑，名为"平茶寮碑"。

此碑系明正德十二年（1517年）巡抚王守仁镇压以谢志山为首的农民起义军后所刻。磨石碑刻高3.75米，宽1.85米。碑文是："正德丁丑，猖寇大起，江、广、湖、郴之间骚然且四三年。于是上命三省会征。乃十月辛亥，予督江西之兵自南康入。甲寅，破横水、左溪诸巢，贼败奔。庚申复连战，贼奔桶冈。十一月癸酉，攻桶冈，大战西山界。甲戌，又战，贼大溃。丁亥，与湖兵合于上章，尽殪之，凡破巢大、小八十有四，擒斩二千余，俘三千六百有奇，释其胁从千有余众。归流亡，使复业。度地居民，凿山开道，以夷险阻。辛丑，师旋。呜呼！兵惟凶器，不得已而后用，刻茶寮之石，匪以美成，重举事也。提督军务都御史王守仁书。记功御史屠侨，监军副史杨璋，参议黄宏，领兵指挥许清，守备郑文，知府邢珣、伍文定、季斆、唐淳，知县王天与、张戬……共百有余名。"该碑刻距今已500年，字迹虽有剥蚀，但大部分仍可辨认。

11. 章源桥

位于距聂都圩0.5千米处，清乾隆十四年（1749年）建，桥长34.08米，宽4.1米，高5米。此桥全部用麻石卷拱而成，建筑牢固，桥身完好。

章源桥

（二）
美食特产

1. 九层皮

　　九层皮是由天然色素一层层蒸制而成的米糕，有白色1层，绿色2层，黄色2层，白色2层，红色2层，因而叫九层皮。本地人将头年的大米加入韭菜。磨出绿色的米浆；将晾干的栀子果用水冲泡，加入米内以调和出泥土般的黄色；第三层是大米的白色；最后是喜庆的茄红。如此一层层添加，反复9次，蒸熟后做出的米糕就叫九层皮。它寓意春季秧苗青葱，秋季稻谷金黄，打出大米雪白，过上日子红火。

九层皮

黄元米果

2. 黄元米果

　　黄元米果本以上堡产的糯性"大禾子"为原料，现多用软性杂交米。本地人用一种上堡山区生长的名叫"黄元柴"的小灌木烧灰淋水浸泡拌料，然后用木制大饭甑把拌料蒸熟，再把熟饭倒入石碓中，由十来个男人齐心协力用黄元棍将米饭捣烂。最后，由师傅将捣烂的黄元米果揉成圆柱体，用一根细线分出一个个厚约五六厘米的黄元米果，用手整理成型，一个个圆形或椭圆形的黄橙橙、金灿灿的黄元米果就制成了。风干后的黄元米果，如盛装在大缸里用碱性灰水浸泡，一般能保存三四个月不变质，随时可取出食用，十分方便。

3. 黄姜豆腐

色金黄、质细嫩、蛋白质含量较高，为纯绿色食品，不含任何化学色素的"黄姜豆腐"，既美味又有补血和清热消毒、防治咳嗽的功效。黄姜豆腐采用古老的传统手工技艺制成，具有营养、保健、色泽艳丽、口感独特等优点。然而随着人们饮食习惯逐渐洋化，祖先流传下来的"黄姜豆腐"却逐渐被忽视。

黄姜豆腐

4. 艾米果

艾米果是崇义县常见的一种小吃。在清明时节，人们将处理后的野艾叶与糯米粉搅拌到一起，做成一个个圆饼。这种饼分有馅和无馅的两种，馅料可以用腌菜、酸菜、肉、笋、大蒜、花生、芝麻等制作。饼做好后，在蒸锅里

艾米果

蒸或用油炸。这种小吃清香扑鼻、风味独特，已有上千年的历史，深受人们喜爱。

5. 杨梅酒

杨梅酒是用杨梅、白酒和冰糖按一定比例制作而成的。味香甜，含葡萄糖、果糖、柠檬酸、苹果酸及多种维生素。上堡当地选用纯天然种植的杨梅树果酿酒，熬制充分，入口酸甜。

杨梅酒

6. 上堡米酒

上堡米酒选自醪糟中的汤汁，米散汤清，蜜香浓郁，入口甜美，含有多种维生素、葡萄糖、氨基酸等营养成分，饮后能开胃提神。

上堡米酒

7. 土花生

土花生产自崇义山园土中，产量不大，但饱满多粒，精致细小，入口清脆。

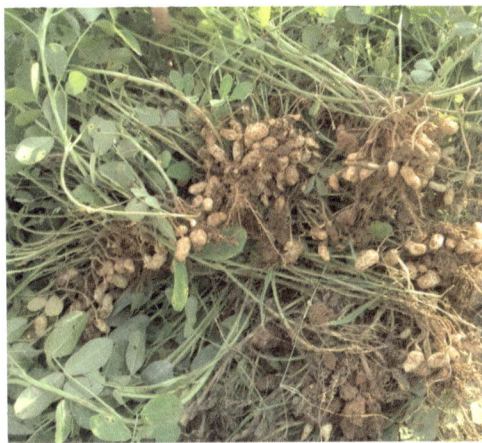

土花生

8. 红菇

红菇也叫红椎菌，属层菌纲，是一种真菌，含有5种多糖、16种氨基酸和28种脂肪酸。由崇义农人采自本地山上的红菇风味独特、香馥爽口，其鲜甜可口是任何菇类都无法比拟的。

红菇

9. 黄蛙干

黄蛙又名黄拐，也称黄蛤蟆、油蛤蟆，学名叫林蛙，是一种经济价值极高的两栖动物，也是一种著名的滋补保健食

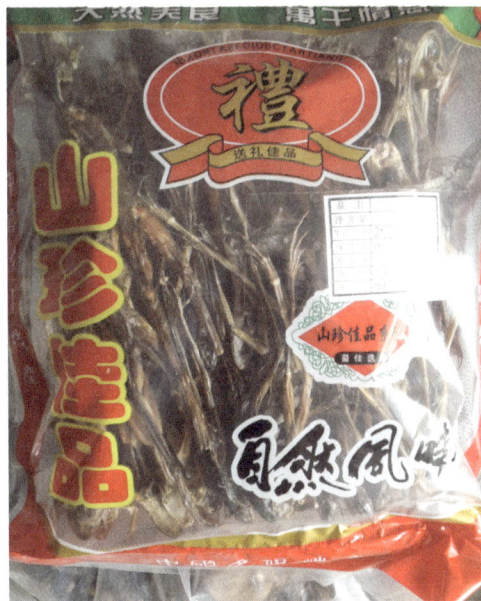

黄蛙干

品。其具有明显的润肺养阴、补肾益精、补脑益智等功能。于本地可以在每年的入冬季节上山扑抓。黄蛙干由经过宰杀的黄蛙烘干而成。

10. 春、冬笋干

笋干以笋为原料，通过去壳、切根、修整、高温蒸煮、清水浸漂、压榨成型处理、烘干、整形包装等多道工序精制而成。

笋干

(三)
交通提示

公路：厦蓉高速、大广高速、赣韶高速、鹰瑞高速均经过赣州市，经赣崇高速从赣州市到崇义县仅需40分钟车程。

铁路：京九铁路、赣龙铁路途经赣州市，经赣崇高速从赣州市到崇义县仅需40分钟车程。

航空：赣州机场开通了北京、上海、广州、深圳、南昌、海口、成都等航线。

（四）
天气情况

　　崇义县地处中低纬度（25°24′~25°55′N），属中亚热带季风湿润区，冬夏两季盛行季风，全年热量丰富，四季分明，雾日多，日照偏少，雨量充沛，空气湿度大，无霜期长。但由于地形复杂，垂直高度差异大，山上山下、向阳面和背阳面的气候差异十分明显。

　　春季（3月15日—5月24日）是冷暖气团交替的季节，天气多变，有"春天孩儿面"之说，气温逐月回升，但阴雨连绵，是冰雹多发季节，同时也是大风多发的季节之一。另外，此季冷空气活动较频繁，每年崇义县的春播都会受其不同程度的影响。

　　夏季（5月25日—9月20日）冷气团减弱，太平洋副热带高压加强西伸。受其控制，天气炎热少雨，常有伏旱。但此季台风较活跃并伴有降水，对缓解干旱功不可没。有时台风会带来暴雨，造成灾害。

　　秋季（9月21日—11月24日）太平洋副热带高压减弱南退，受北方干冷的高压脊控制，秋高气爽。

　　冬季（11月25日—次年3月14日）受北方冷气团控制，气候比较干冷，冻霜天气多，但在新的冷空气南侵时也会产生雨雪天气。

（五）
推荐路线

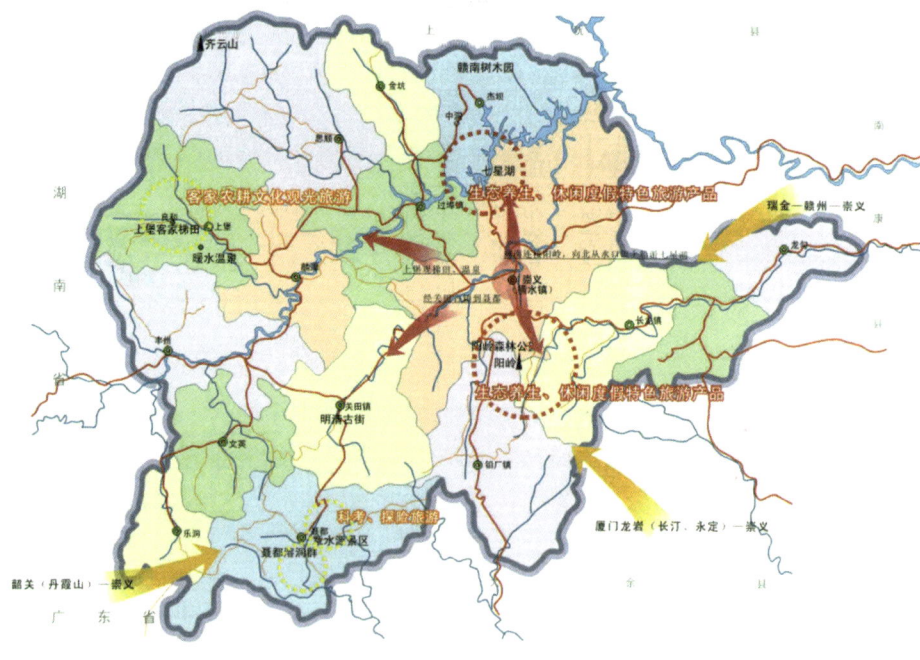

崇义旅游线路图

（图片来源：《江西省崇义县旅游业发展总体规划》）

崇义→上堡梅坑大峡谷漂流→丰坪组八卦田→万长山茶场→山沟子虎背梯田→大排子梯田→木梓排民俗旅游示范点→赤水仙茶场→攀登赣南第二高峰华仙峰→亿年冰川遗址→玉庄旅游扶贫示范点→上堡整训旧址→上堡梯田→齐云山→小坑梯田

崇义客家梯田风采无限，愿您驻足，留得浮生数日闲。

附录2 大事记

明

正德十二年（1517年），都御史王守仁奏割上犹、南康、大庚三县地立县，并以崇义里里名为县名，隶属南安府。

正德十三年（1518年）四月初六日，兴工筑县城。

嘉靖三十二年（1553年），知县王廷耀创修县志。

万历十四年（1586年）三月十五日，大水成灾。

清

乾隆十四年（1749年），建聂都章源桥。

乾隆四十九年（1784年），大水成灾。

道光十四年（1834年）春，斗米千钱；夏五月，大水漂没田舍甚多。

道光十八年（1838年）秋，旱。

咸丰五年（1855年）五月，县城北门外大水，冲毁堤防、田地、房舍甚多。

中华民国

民国十六年（1927年）11月，朱德、陈毅率南昌起义部队驻上堡整训，开展革命活动。

民国二十五年（1936年），崇义县阳岭绿茶参加浙赣特产联合展览会展出，获一等奖。

民国二十九年（1940年）9月10日，县政府分布《特产捐征收办法》，对竹、木、纸、木炭、生猪、香菇、茶叶、松香等进行征税。

民国三十三年（1944年），县农会成立。

中华人民共和国

1950年8月，虫灾，全县农田受害面积3.3万多亩，其中重灾7 800多亩，平均减产62.25%。

1950年12月，开始进行第一期土地改革。

1951年6月，县征送17种展品参加江西省首届物产展览会，其中"明笋"获特等奖。

1952年5月1日，全县第一个农村信用合作社——扬眉区南摆乡信用合作社成立。

1953年11月，扬眉区太坪乡竹蝗严重为害。

1953年冬，在铅厂、和平、稳下等乡开展以开挖山平塘为主要工程措施的兴修水利的群众运动。

1955年春，全县推行改单季稻为双季稻。

1956年春，宣传、贯彻中央《农业发展纲要40条》。

1957年11月，稳下水渠开工，次年9月竣工通水。

1957年，兴建陡水水库，水淹杰坝、过埠两区耕地12 397亩。

1958年，在县城创办农业机械厂。

1960年9月26日，上堡山洪暴发，大水进入上堡圩。

1964年，伏、秋旱严重，扬眉、龙勾、关田、铅厂等地河流绝源。全县受旱面积达4万多亩，秋季歉收。

1965年10月，阳岭水库开工，次年春竣工。

1970年3月，春寒持续20多天，全县烂秧烂种损失稻谷48万多千克。

1973年10月，西湖水库工程开工，1983年竣工。

1977年，崇义县全县中、晚稻种植杂交水稻10万余亩，为全省种植杂交水稻10万亩以上的四个县之一。全年粮食总产4 500多万千克，晚稻亩产194千克，总产和单产均超历史最高水平。

1978年秋，杰坝公社制种10亩，获杂交一代水稻良种1 500多千克，突破制种高产关，受到省、地、县奖励。

1979年，崇义县全县粮食总产达5 119.5万千克，首次突破5 000万千克大关。同年，崇义县全县受旱面积3万多亩。

1981年，崇义县全县的农村生产队全部实行家庭联产承包责任制。

1983年，崇义县选送自行配制的籼优二号杂交水稻良种和植株标本在北京农业展览馆展出。

1992年，崇义县县委县政府以实施"山上再造"和"兴果富民"战略为标志，在崇义县大力发展脐橙产业。

1995年，在崇义县麟潭乡两杰村成立了江西君子谷野生水果世界有限公司，1996年，崇义县荣获"中国竹乡"称号。

2004年，全国唯一一个经国家林业局认定的"中国南酸枣之乡"称号"落户"崇义县。

2005年，崇义县编制了《崇义县柑橘产业发展规划（2005—2020）》。

2011年，崇义县编制了《崇义县果业发展规划（2011—2020）》。

2011年，江西省新世野农业开发有限责任公司"高山梯田"牌有机大米、有机粥米等产品在江西名优农产品（上海）展示展销会上获得金奖。

2013年12月，崇义县上堡梯田被农业部评为"中国美丽田园"。

2014年5月，崇义县客家梯田被农业部列为中国重要农业文化遗产。

2015年，崇义县上堡乡水南村被农业部评为最美休闲乡村。

附录3 全球/中国重要农业文化遗产名录

1. 全球重要农业文化遗产

2002年，联合国粮农组织（FAO）发起了全球重要农业文化遗产（Globally Important Agricultural Heritage Systems, GIAHS）保护项目，旨在建立全球重要农业文化遗产及其有关的景观、生物多样性、知识和文化保护体系，并在世界范围内得到认可与保护，使之成为可持续管理的基础。

按照FAO的定义，GIAHS是"农村与其所处环境长期协同进化和动态适应下所形成的独特的土地利用系统和农业景观，这些系统与景观具有丰富的生物多样性，而且可以满足当地社会经济与文化发展的需要，有利于促进区域可持续发展。"

截至2017年3月底，全球共有16个国家的37项传统农业系统被列入GIAHS名录，其中11项在中国。

全球重要农业文化遗产（37项）

序号	区域	国家	系统名称	FAO批准年份
1	亚洲	中国	中国浙江青田稻鱼共生系统 Qingtian Rice-Fish Culture System, China	2005
2			中国云南红河哈尼稻作梯田系统 Honghe Hani Rice Terraces System, China	2010
3			中国江西万年稻作文化系统 Wannian Traditional Rice Culture System, China	2010

序号	区域	国家	系统名称	FAO批准年份
4	亚洲	中国	中国贵州从江侗乡稻-鱼-鸭系统 Congjiang Dong's Rice-Fish-Duck System, China	2011
5			中国云南普洱古茶园与茶文化系统 Pu'er Traditional Tea Agrosystem, China	2012
6			中国内蒙古敖汉旱作农业系统 Aohan Dryland Farming System, China	2012
7			中国河北宣化城市传统葡萄园 Urban Agricultural Heritage of Xuanhua Grape Gardens, China	2013
8			中国浙江绍兴会稽山古香榧群 Shaoxing Kuaijishan Ancient Chinese *Torreya*, China	2013
9			中国陕西佳县古枣园 Jiaxian Traditional Chinese Date Gardens, China	2014
10			中国福建福州茉莉花与茶文化系统 Fuzhou Jasmine and Tea Culture System, China	2014
11			中国江苏兴化垛田传统农业系统 Xinghua Duotian Agrosystem, China	2014
12		菲律宾	菲律宾伊富高稻作梯田系统 Ifugao Rice Terraces, Philippines	2005
13		印度	印度藏红花农业系统 Saffron Heritage of Kashmir, India	2011
14			印度科拉普特传统农业系统 Traditional Agriculture Systems, India	2012
15			印度喀拉拉邦库塔纳德海平面下农耕文化系统 Kuttanad Below Sea Level Farming System, India	2013

续表

序号	区域	国家	系统名称	FAO批准年份
16	亚洲	日本	日本能登半岛山地与沿海乡村景观 Noto's Satoyama and Satoumi, Japan	2011
17			日本佐渡岛稻田–朱鹮共生系统 Sado's Satoyama in Harmony with Japanese Crested Ibis, Japan	2011
18			日本静冈传统茶–草复合系统 Traditional Tea–Grass Integrated System in Shizuoka, Japan	2013
19			日本大分国东半岛林–农–渔复合系统 Kunisaki Peninsula Usa Integrated Forestry, Agriculture and Fisheries System, Japan	2013
20			日本熊本阿苏可持续草地农业系统 Managing Aso Grasslands for Sustainable Agriculture, Japan	2013
21			日本岐阜长良川流域渔业系统 The Ayu of Nagara River System, Japan	2015
22			日本宫崎山地农林复合系统 Takachihogo–Shiibayama Mountainous Agriculture and Forestry System, Japan	2015
23			日本和歌山青梅种植系统 Minabe–Tanabe Ume System, Japan	2015
24		韩国	韩国济州岛石墙农业系统 Jeju Batdam Agricultural System, Korea	2014
25			韩国青山岛板石梯田农作系统 Traditional Gudeuljang Irrigated Rice Terraces in Cheongsando, Korea	2014
26		伊朗	伊朗喀山坎儿井灌溉系统 Qanat Irrigated Agricultural Heritage Systems of Kashan, Iran	2014

续表

序号	区域	国家	系统名称	FAO批准年份
27	亚洲	阿联酋	阿联酋艾尔与里瓦绿洲传统椰枣种植系统 Al Ain and Liwa Historical Date Palm Oases, the United Arab Emirates	2015
28		孟加拉	孟加拉国浮田农作系统 Floating Garden Agricultural System, Bangladesh	2015
29	非洲	阿尔及利亚	阿尔及利亚埃尔韦德绿洲农业系统 Ghout System, Algeria	2005
30		突尼斯	突尼斯加法萨绿洲农业系统 Gafsa Oases, Tunisia	2005
31		肯尼亚	肯尼亚马赛草原游牧系统 Oldonyonokie/Olkeri Maasai Pastoralist Heritage Site, Kenya	2008
32		坦桑尼亚	坦桑尼亚马赛游牧系统 Engaresero Maasai Pastoralist Heritage Area, Tanzania	2008
33			坦桑尼亚基哈巴农林复合系统 Shimbwe Juu Kihamba Agro-forestry Heritage Site, Tanzania	2008
34		摩洛哥	摩洛哥阿特拉斯山脉绿洲农业系统 Oases System in Atlas Mountains, Morocco	2011
35		埃及	埃及锡瓦绿洲椰枣生产系统 Dates Production System in Siwa Oasis, Egypt	2016
36	南美洲	秘鲁	秘鲁安第斯高原农业系统 Andean Agriculture, Peru	2005
37		智利	智利智鲁岛屿农业系统 Chiloé Agriculture, Chile	2005

2. 中国重要农业文化遗产

我国有着悠久灿烂的农耕文化历史，加上不同地区自然与人文的巨大差异，创造了种类繁多、特色明显、经济与生态价值高度统一的重要农业文化遗产。这些都是我国劳动人民凭借独特而多样的自然条件和他们的勤劳与智慧，创造出的农业文化的典范，蕴含着天人合一的哲学思想，具有较高的历史文化价值。农业部于2012年开始中国重要农业文化遗产发掘工作，旨在加强我国重要农业文化遗产的挖掘、保护、传承和利用，从而使中国成为世界上第一个开展国家级农业文化遗产评选与保护的国家。

中国重要农业文化遗产是指"人类与其所处环境长期协同发展中，创造并传承至今的独特的农业生产系统，这些系统具有丰富的农业生物多样性、传统知识与技术体系和独特的生态与文化景观等，对我国农业文化传承、农业可持续发展和农业功能拓展具有重要的科学价值和实践意义。"

截至2017年3月底，全国共有62个传统农业系统被认定为中国重要农业文化遗产。

中国重要农业文化遗产（62项）

序号	省份	系统名称	农业部批准年份
1	北京	北京平谷四座楼麻核桃生产系统	2015
2		北京京西稻作文化系统	2015
3	天津	天津滨海崔庄古冬枣园	2014
4	河北	河北宣化城市传统葡萄园	2013
5		河北宽城传统板栗栽培系统	2014
6		河北涉县旱作梯田系统	2014
7	内蒙古	内蒙古敖汉旱作农业系统	2013
8		内蒙古阿鲁科尔沁草原游牧系统	2014
9	辽宁	辽宁鞍山南果梨栽培系统	2013
10		辽宁宽甸柱参传统栽培体系	2013
11		辽宁桓仁京租稻栽培系统	2015

189

续表

序号	省份	系统名称	农业部批准年份
12	吉林	吉林延边苹果梨栽培系统	2015
13	黑龙江	黑龙江抚远赫哲族鱼文化系统	2015
14		黑龙江宁安响水稻作文化系统	2015
15	江苏	江苏兴化垛田传统农业系统	2013
16		江苏泰兴银杏栽培系统	2015
17	浙江	浙江青田稻鱼共生系统	2013
18		浙江绍兴会稽山古香榧群	2013
19		浙江杭州西湖龙井茶文化系统	2014
20		浙江湖州桑基鱼塘系统	2014
21		浙江庆元香菇文化系统	2014
22		浙江仙居杨梅栽培系统	2015
23		浙江云和梯田农业系统	2015
24	安徽	安徽寿县芍陂（安丰塘）及灌区农业系统	2015
25		安徽休宁山泉流水养鱼系统	2015
26	福建	福建福州茉莉花与茶文化系统	2013
27		福建尤溪联合梯田	2013
28		福建安溪铁观音茶文化系统	2014
29	江西	江西万年稻作文化系统	2013
30		江西崇义客家梯田系统	2014
31	山东	山东夏津黄河故道古桑树群	2014
32		山东枣庄古枣林	2015
33		山东乐陵枣林复合系统	2015
34	河南	河南灵宝川塬古枣林	2015
35	湖北	湖北赤壁羊楼洞砖茶文化系统	2014
36		湖北恩施玉露茶文化系统	2015

序号	省份	系统名称	农业部批准年份
37	湖南	湖南新化紫鹊界梯田	2013
38		湖南新晃侗藏红米种植系统	2014
39	广东	广东潮安凤凰单丛茶文化系统	2014
40	广西	广西龙胜龙脊梯田系统	2014
41		广西隆安壮族"那文化"稻作文化系统	2015
42	四川	四川江油辛夷花传统栽培体系	2014
43		四川苍溪雪梨栽培系统	2015
44		四川美姑苦荞栽培系统	2015
45	贵州	贵州从江侗乡稻–鱼–鸭系统	2013
46		贵州花溪古茶树与茶文化系统	2015
47	云南	云南红河哈尼稻作梯田系统	2013
48		云南普洱古茶园与茶文化系统	2013
49		云南漾濞核桃–作物复合系统	2013
50		云南广南八宝稻作生态系统	2014
51		云南剑川稻麦复种系统	2014
52		云南双江勐库古茶园与茶文化系统	2015
53	陕西	陕西佳县古枣园	2013
54	甘肃	甘肃皋兰什川古梨园	2013
55		甘肃迭部扎尕那农林牧复合系统	2013
56		甘肃岷县当归种植系统	2014
57		甘肃永登苦水玫瑰农作系统	2015
58	宁夏	宁夏灵武长枣种植系统	2014
59		宁夏中宁枸杞种植系统	2015
60	新疆	新疆吐鲁番坎儿井农业系统	2013
61		新疆哈密哈密瓜栽培与贡瓜文化系统	2014
62		新疆奇台旱作农业系统	2015